漢·王符撰

# 潛夫論

中国書店

詳校官左中允臣莊通敏

臣紀昀覆勘

欽定四庫全書　　　　子部一

潛夫論　　　　　　儒家類

提要

臣等謹案潛夫論十卷漢王符撰符字節信安定臨涇人後漢書本傳稱和安之後世務游宦當塗者更相薦引而符獨耿介不同于俗以此遂不得升進志意藴憤乃隱居著書三十餘篇以譏當時得失不欲章顯其名故

號曰潛夫論今本凡三十五篇合敘録為三十六篇蓋猶舊本卷首讚學一篇論勵志勤修之旨卷末五德志篇述帝王之世次志氏姓篇考譜牒之源流其中卜列正列相列夢列四篇亦皆雜論方技不盡指陳時政范煜所云舉其著書大旨爾符生卒年月不可考本傳之末載度遼將軍皇甫規解官歸里符往謁見事規解官歸里據本傳在延熹五年

則符之著書在桓帝時故所說多切漢末弊
政惟桓帝時皇甫規段熲張奐諸人屢與羌
戰而其救邊議二篇乃以避寇爲憾殆以安
帝永初五年嘗徙安定北地郡順帝永建四
年始還舊治至永和六年又内徙符安定人
故就其一鄉言之耶然其謂失涼州則三輔
爲邊三輔内入則弘農爲邊弘農内入則洛
陽爲邊推此以相況雖盡東海猶有邊則灼

然名論足為輕棄邊地之炯鑒也范煜録其忠貴浮侈實貢愛日述赦五篇入本傳而字句與今本多不同晁公武讀書志謂雖有所損益理或然歟煜以符與王充仲長統同傳韓愈因作後漢三賢贊今以三家之書相較符書洞悉政體似昌言而明切過之辨别是非似論衡而醇正過之前史列之儒家斯為不愧惟賢難篇中稱鄧通吮癰為忠於文帝

又稱其欲昭景帝之孝反以結怨則紕繆最甚是其發憤著書立言矯激之過亦不必曲為之諱矣乾隆四十九年二月恭校上

總纂官臣紀昀臣陸錫熊臣孫士毅

總校官臣陸費墀

欽定四庫全書

# 潛夫論卷一

漢 王符 撰

## 讚學第一

天地之所貴者人也聖人之所尚者義也德義之所成者智也明智之所求者學問也雖有至聖不生而智雖有至材不生而能故志曰黄帝師風后顓頊師老彭帝嚳師祝融堯師務成舜師紀后禹師墨如湯師伊尹文

武師姜尚周公師庶秀孔子師老聃若此言之而信則人不可以不就師矣夫此十一君者皆上聖也猶待學問其智乃博其德乃碩而況於凡人乎是故工欲善其事必先利其器士欲宣其義必先續其智易曰君子以多識前言往行以畜其德是以人之有學也猶物之有治也故夏后之璜楚和之璧雖有玉璞卞和之資不琢不錯不離礫石夫瑚簋之器朝祭之服其始也乃山野之木蠶繭之絲耳使巧倕加繩墨而制之以斤斧女工

加五色而制之以機杼則皆成宗廟之器黼黻之章可
著於鬼神可御於王公而況君子敦貞之質察敏之才
攝之以良朋教之以明師文之以禮樂導之以詩書讚
之以周易明之以春秋其不有濟乎詩云題彼鶺鴒載
飛載鳴我日斯邁而月斯征夙興夜寐無忝爾所生是
以君子終日乾乾進德修業者非直為博己而已也蓋
乃思述祖考之令問而以顯父母也孔子曰吾嘗終日
不食終夜不寢以思無益不如學也耕也餒在其中學

也祿在其中矣君子憂道不憂貧箕子陳六極國風歌
北門故所謂不憂貧也豈好貧而弗之憂邪蓋志有所
專昭其重也是故君子之求豐厚也非為嘉饌美服淫
樂聲色也乃將以底其道而邁其德也夫道成於學而
藏於書學進於振而廢於窮是故董仲舒終身不問家
事景君明經年不出戶庭得銳精其學而顯昭其業者
家富也富佚若彼而能勤精若此者材子也倪寛賣力
於都巷匡衡自鬻於保徒者身貧也貧阨若彼而能進

學若此者秀士也當世學士恒以萬計而究塗者無數
十焉其故何也其富者則以賄玷精貧者則以乏易計
或以喪亂朞其年歲此其所以逮初喪功而及其童蒙
也是故無董景之才倪匡之志而欲强捐家出身曠日
師門者是必無幾矣夫此四子者耳目聰明忠信廉勇
未必無儔也而及其成名立績德音令問不已而有所
以然夫何故哉徒以其能自託於先聖之典經結心於
夫子之遺訓也是故造父疾趨百步而廢而託乘輿坐

致千里水師泛軸解維則溺自託舟楫坐濟江河是故
君子者性非絶世善自託於物也人之情性未能相百
而其明智有相萬也此非其真性之材也必有假以致
之也君子之性未必盡照及學也聰明無蔽心智無滯
前紀帝王顧定百世此則道之明也而君子能假之以
自彰爾夫是故道之於心也猶火之於人目也中穽深
室幽黑無見及設盛燭則百物彰矣此則火之燿也非
目之光也而目假之則為明矣天地之道神明之為不

可見也學問聖典心思道術則皆來覩矣此則道之材也非心之明也而人假之則為己知矣是故索物於夜室者莫良於火索道於當世者莫良於典典者經也先聖之所制先聖得道之精者以行其身欲賢人自勉以入於道故聖人之制經以遺後賢也譬猶巧倕之為規矩準繩以遺後工也昔倕之巧目茂圓方心定平直又造規繩矩墨以誨後人試使奚仲公班之徒釋此四度而徼倕自制必不能也凡工妄匠執規秉矩錯準引繩

則巧同於倕也是倕以心來制規矩往合倕心也故度之工幾於倕矣先聖之智心達神明性直道德又造經典以遺後人試使賢人君子釋於學問抱質而行必弗具也及使從師就學按經而行聰達之明德義之理亦庶矣是故聖人以其心來就經典往合聖心故修經之賢德近於聖矣詩云高山仰止景行行止日就月將學有緝熙于光明是故凡欲顯勲績揚光烈者莫良於學矣

務本第二

凡為人之大體莫善於抑末而務本莫不善於離本而飾末夫為國者以富民為本以正學為基民富乃可教學正乃得義民貧則背善學淫則詐偽入學則不亂得義則忠孝故明君之法務此二者以為成太平之基致休徵之祥夫富民者以農桑為本以游業為末百工者以致用為本以巧飾為末商賈者以通貨為本以鬻奇為末三者守本離末則民富離本守末則民貧貧則阨

而忌善富則樂而可教教訓者以道義為本以巧辯為末辭語者以信順為本以詭麗為末列士者以孝悌為本以交游為末孝悌者以致養為本以華觀為末人臣者以忠正為本以媚愛為末五者守本離末則仁義興離本守末則道德崩慎本略末猶可也舍本務末則惡矣夫用天之道分地之利六畜生於時百物聚於野此富國之本游業末事以收民利此貧邦之原忠信謹慎此德義之基也虛無譎詭此亂道之根也故力田所以

富國也今民去農桑赴游業披采衆利聚之一門雖於私家有富然公計愈貧矣百工者所使備器也器以便事為善以膠固為上今工好造彫琢之器巧偽飭之以欺民取賄物以任用為要以堅牢為資今商競鬻無用之貨淫極侈之弊以惑民取産雖於淫商有得然國計愈失矣此三者外雖有勤力富家之私名然内有損民貧國之公實故為政者明督工商勿使淫偽困辱游業勿使擅利寬假本農而寵遂學士則民富而國平矣夫

教訓者所以遂道術而崇道義也今學問之士好語虛無之事爭著雕麗之文以求見異於世鄙人鮮識從而高之此傷道德之實而惑曚夫之大者也詩賦者所以頌善醜之德洩哀樂之情也故溫雅以廣文興喻以盡意今賦頌之徒苟為饒辯屈蹇之辭競陳誣罔無然之事以索見怪於世愚夫戇士從而奇之此悖孩童之思而長不誠之言者也內孝悌於父母正操行於閨門所以烈士也今多務交游以結黨助偷世竊名以取濟渡

夸末之徒從而尚之此逼真士之節而衒世俗之心者也養生順志所以為孝也今多違志儉養約生以待終終没之後乃崇餙喪紀以言孝盛饗賓旅以求名誣善之徒從而稱之此亂孝悌之真行而誤後生之痛者也忠正以事君信法以理下所以居官也今多姦諛以取媚撓法以便佞苟徒得之從而賢之此滅真良之行開亂危之原也五者外雖有振賢才之虛譽内有傷道德之至實凡此八者皆衰世之務而闇君之所固也雖末即

於篡弑然亦亂道之漸來也夫本末消息之爭皆在於君非下民之所能移也夫民固隨君之好從利以生者也故君子曰財賄不多衣食不贍聲色不妙威勢不行非君子之憂也行善不多申道不明節志不立德義不彰君子恥焉是以賢人智士之於子孫也厲之以志弗厲之以詐勸之以正弗勸以詐示之以儉弗示以奢貽之以言弗貽以財是故董仲舒終身不問家事而疏廣不遺賜金子孫若賢不待多富若其不賢則多以徵怨

故曰無德而賄豐禍之胎也昔曹羈有言守天之聚必施其德義德義弗施聚必有閼今或家賑而貸乏遺賑貧窮恤矜疾苦則必且久居富矣易曰天道虧盈以沖謙故仁以義費於彼者天賞之於此以邪取於前者衰之於後是以持盈之道挹而損之則亦可以免於亢龍之悔乾坤之愆矣是故務本則雖虛僞之人皆歸本居末則雖篤敬之人皆就末且凍餒之所在民不得不去也温飽之所在民不得不居也故衰闇之世本末之人

未必賢不肖也禍福之所勢不得無然爾故明君莅國必崇本抑末以遏亂危之萌此誠治之危漸不可不察也

遏利第三

世人之論也靡不貴廉讓而賤財利焉及其行也多釋廉甘利之於人徒知彼之可以利我也而不知我之得彼亦將為利人也知脂蠟之可明燈也而不知其甚多則寘之知利之可娛已也不知其𢏺而必有也前人以

病後人以競庶民之愚而衰闇之至也予故嘆曰何不察也願鑒於道勿鑒於水象以齒焚身蚌以珠剖體匹夫無辜懷璧其罪嗚呼哀哉無德而富貴者固可豫弔也且夫利物莫不天之財也天之制此財也猶國君之有府庫也賦賞奪與各有衆寡民豈得彊取多哉故人有無德而富貴是凶民之竊官位盜府庫者也終必覺覺必誅矣盜人必誅況乃盜天乎得無受禍焉鄧通死無簪勝跪伐其身是故天子不能違天富無功諸侯不

能違帝厚私勸非違帝也非違天也帝以天爲制天以民爲心民之所欲天必從之是故無功庸於民而求盈者未嘗不力顛也有勲德於民而謙損者未嘗不光榮也自古於今上以天子下至庶人蔑有好利而不亡者好義而不彰者也昔周厲王好專利芮良夫諫而不入退賦桑柔之詩以諷言是大風也必將有遂是貪民也必將敗其類王又不悟故遂流死于彘虞公屢求以失其國公叔戌崇賄以爲罪相雎不節飲食以見弑此皆

以貧自止用財自滅楚鬬子文三為令尹而有饑色妻子凍餒朝不及夕季文子相四君馬不餼粟妾不衣帛子罕歸玉晏子歸宅此皆能棄利約身故無怨於人世厚天禄令問不止伯夷叔齊餓于首陽白駒介推遯逃於山谷顔原公析困饉於郊野守志篤固秉節不虧寵禄不能固威勢不能移雖有南面之尊公侯之位德義有殆禮義不班撓志如芷負心若芬固弗為也是故雖有四海之主弗能與之方名列國之君不能與之鈞重

守志於一廬之内而義溢乎九州之外信立於千載之上而名傳乎百世之際

論榮第四

所謂賢人君子者非必高位厚禄富貴榮華之謂也此則君子之所宜有而非其所以為君子者也所謂小人者非必貧賤凍餒困阨窮之謂也此則小人之所宜處而非其所以為小人者也奚以明之哉夫桀紂者夏殷之君王也崇侯惡來天子之三公也而猶不免於小人

者以其心行惡也伯夷叔齊餓夫也傅說胥靡而井臼
處虜也然世猶以為君子者以為志節美也故論士苟
定於志行勿以遺命則雖有天下不足以為重無所用
不可以為輕處隸圉不足以為恥撫四海不足以為榮
況乎其未能相懸若此者哉故曰寵位不足以為尊我
而卑賤不足以卑已夫令譽從我興而二命自天降之
詩云天實為之謂之何哉故君子未必富貴小人未必
貧賤或潛龍未用或亢龍在天從古以然今觀俗士之

論也以族舉德以位命賢茲可謂得論之一體矣而未獲至論之淑貞也堯聖父也而丹凶傲舜聖子也而叟頑惡叔嚮賢兄也而鮒貪暴季友賢弟也而慶父淫亂論若必以族是丹宜禪而舜宜誅鮒宜賞而友宜夷也論之不可必以族也若是昔祁奚有言鯀殛而禹興管蔡為戮周公祐王故書稱父子兄弟不相及也幽厲之貴天子也而又富有四海顏原之賤匹庶也而又凍餒屢空論若必以位則是兩王是為世主而二士為愚鄙

也論之不可必以位也又若是焉故曰仁重而勢輕位辱而義榮今之論者多此之反而又以九族或以所來則亦遠於獲真賢矣昔自周公不求備於一人況乎其德義既舉乃可以它故而弗之采乎由余生於五狄越象產於八蠻而功施齊秦德立諸夏令名美譽載於圖書至今不滅張儀中國之人也衛鞅康叔之孫也而皆讒佞反覆交亂四海由斯觀之人之善惡不必世族性之賢鄙不必世俗中堂生負苞山野生蘭芷夫和氏之

璧出於璞石隋氏之珠産於蜃蛤詩云采葑采菲無以下體故苟有大美可尚於世則雖細行小瑕曷足以為累乎是以用士不患其非國士而患其非中世非患無臣而患其非賢蓋無爵縻陳平韓信楚俘也而高祖以為藩輔實平四海安漢室衛青霍去病平陽之私人也而武帝以為司馬實攘北狄郡河西唯其任也何卑遠之有然則所難於非此士之人非將相之世者為其無是能而處是位無是德而居是貴無以我尚而不秉我

勢也

## 賢難第五

世之所以不治者由賢難也所謂賢難者非直體聰明服德義之謂也此則求賢之難得爾非賢者之所難也故所謂賢者乃將言乎循善則見妬行賢則見嫉也而必遇患難者也虞舜之所以放殛子胥之所以被誅上聖大賢猶不能自免於嫉妬則況乎中世之人哉此秀士所以雖有賢材美質然猶不得直道而行遂成其志

者也處士不得直其行朝臣不得直其言此俗化之所以敗闇君之所以孤也齊侯之所以奪國魯公之所以放逐皆敗績厭覆於不暇而用及治乎故德薄者惡聞美行政亂者惡聞治言此亡秦之所以誅偶語而坑術士也念世俗之人自慢其親而憎人敬之自簡其親而憎人愛之者不少也豈獨品庶賢材時有焉鄧通幸於文帝盡心而不違吮癰而無憾色帝病不樂從容曰天下誰最愛朕者乎鄧通欲稱太子之孝則因對曰莫若

太子之最愛陛下也及太子問疾帝令吮癰有難之色帝不悅而遣太子既而聞鄧通之常吮癰也乃慙而怨之及嗣帝位遂致通罪而使至於餓死故鄧通行所以盡心力而無害人其言所以譽太子而昭孝慈也太子自不能盡其稱則反結怨而歸咎焉稱人之長欲彰其孝且猶為罪又況明人之短矯世者哉且凡士之所以為賢者且以其言與行也忠正之言非徒譽人而已也必有觸焉孝子之行非徒吮癰而已也必有駁焉然則

循行論議之士得不遇於嫉妬之名免於刑戮之咎者蓋其幸者也比干之所以剖心箕子之所以為奴伯宗之以死郄宛之以亡夫國不乏於妬男也猶家不乏於妬女也近古以來自外及内其争功名妬過已者豈希也予以唯兩賢為宜不相害乎然也范雎絀白公公孫弘抑董仲舒此同朝共君寵禄争故耶唯殊邦異途利害不干者為可以免乎然也孫臏脩能於楚龎涓自魏變免誘以刖之韓非明治於韓李斯自秦作思致而殺

之嗟士之相妬豈若此甚乎此未達於君故受禍邪唯見知爲可以將信乎然也京房數與元帝論難使制考功而選守晁錯雅爲景帝所知使漢法而不亂夫二子之於君也可謂見知深而寵愛殊矣然京房冤死而上曾不知晁錯既斬而帝乃悔此材明未足以衛身故及難邪唯大聖爲能無累乎然也帝乙以義故囚文王以仁故拘夫體至行仁義據南面師尹卿士且猶不能無難然則夫子削迹叔向縲紲屈原放沈賈誼貶黜鍾離

廢替何敞束縛王章抵罪平阿斥逐蓋其輕士者也詩云無罪無辜讒口敖敖彼人之心于何其臻由此觀之妬媚之攻擊也亦誠工矣賢聖之居世也亦誠危矣故所謂賢難也者非賢難也免則難也彼大聖羣賢功成名遂或爵侯伯或位公卿尹據天官簡在帝心宿夜侍宴名達而猶有若此則又況乎畎畝佚民山谷隱士因人乃達時論乃信者乎此智士所以鉗口結舌括囊共默而已者也且閭閻凡品何獨識哉苟望塵僄聲而已矣

觀其論也非能本閨閫之行迹察臧否之虛實也直以面譽我者為智諂諛已者為仁處姦利者為行竊禄位者為賢爾豈復知孝悌之原忠正之直綱紀之化本途之歸哉此鮑焦所以立枯於道左徐衍所以自沈於滄海者也諺曰一犬吠形百犬吠聲世之疾此固久矣哉吾傷世之不察貞偽之情也故設虛義以喻其心曰今觀宰司之取士也有似於司原之佃也昔有司原氏者燎獵中野鹿斯東奔司原縱譟之西方之衆有逐豨者

聞司原之譟也競舉音而和之司原聞音之衆則反輟已之逐而往伏焉遇夫俗惡之狶司原喜而自以獲白瑞珍禽也盡芻豢單囷倉以養之豕俛仰嚘咿為作容聲司原愈益珍之居無何烈風興而澤雨作灌巨豕而惡塗渝逐駭懼真聲出乃知是家之艾猳爾此隨聲逐嚮之過也衆遇之未赴信焉今世主之於士也目見賢則不敢用耳聞賢則恨不及雖自有知也猶不能取必更待羣司之所舉則亦懼失麟鹿而獲艾猳奈何其不

分者也未遇風之變者故也俾使一朝奇政兩集則險隘之徒闒茸之質亦將別矣夫衆小朋黨而固位讒妒羣吠齧賢為禍敗也豈希三代之以覆列國之以滅後人猶不能革此萬官所以屢失守而天命數靡常者也

詩云國既卒斬何用不監嗚呼時君俗主不此察也

潛夫論卷一

欽定四庫全書

# 潛夫論卷二

漢 王符 著

## 明闇第六

國之所以治者君明也其所以亂者君闇也君之所以明者兼聽也所以闇者偏信也是故人君通心兼聽則聖日廣矣庸說偏信則過日甚矣詩云先民有言詢于芻蕘夫堯舜之治闢四門明四目達四聰是以天千輻

輳而聖無不昭故共鯀之徒弗能塞也靖言庸回弗能惑也秦之二世務隱藏已而斷百僚隔捐疏賤而信趙高是以聽塞於貴重之臣明蔽於驕妬之人故天下潰叛弗得聞也皆高所殺莫敢言之周章至戲乃始駭閻樂進勸乃後悔不亦晚矣故人兼聽納下則貴臣不得誣而遠人不得欺也慢賤信貴則朝廷讜言無以至而潔士奉身伏罪於野矣夫朝臣所以統理而多比周則亂賢人所以奉已而隱遯伏野則君孤而能存者未之

嘗有也是故明君位衆務下言以昭外敬納卑賤以誘賢也其無距言未必言者之盡可用也其無慢賤未必其人盡賢也乃懼慢不肖而絶賢望也是故聖王責小以厲大賞鄙以招賢然後良士集于朝下情達于君也故上無遺失之策官無亂法之臣此君民之所利而姧佞之所患也昔張禄一見而穰侯免袁絲進説而周勃黜是以當塗之人恒嫉正直之士得一介言於君以矯其邪也故餙僞辭以彰主心下設威權以固士民趙高

亂政恐惡聞上乃預要二世曰屢見羣臣衆議政事則黷黷且示短不若藏已獨斷神且尊嚴天子稱朕固但聞名二世於是乃深自幽隱獨進趙高趙高入稱好言以説主出倚詔令以自尊天下魚爛相帥叛秦趙高恐懼歸惡於君乃使閻樂責而殺顧一見高不能而死夫田常因簡公淖齒弑湣王二世亦既聞之矣然猶復襲其敗迹者何也過在於不納卿士之箴規不受民氓之謡言自以已賢於簡湣而於二臣也故國已亂而上不

知禍既作而下不救此非衆共棄君乃君以衆命繫趙高病自絕於民也後求世之君危何知之哉舜曰予違汝弼汝無面從退有後言故國之道勸之使諫宣之使言然後君明察而治情通矣且凡驕臣之好隱賢也既患其正義以繩已矣又恥居上位而明不及下尹其職而策不出於已是以郄宛得衆而子常殺之屈原得君而椒蘭㨗讒耿壽建常平而嚴延妬其謀陳湯殺郅支而匡衡抹其功由此觀之處位卑賤而欲効善於君則

必先與寵人為讎恃舊寵沮之於內接賤欲自信於外思善之君願忠之士所以雖並生一世憂心相皦而終不得遇者也

## 考績第七

凡南面之大務莫急於知賢知賢之近途莫急於考功功誠考則治亂暴而明善惡信則直賢不得見障蔽而佞巧不得竄其姦矣夫劍不試則利鈍闇弓不試則勁撓誣鷹不試則巧拙惑馬不試則良駑疑此四者之有

相紛也由不考試故得然也今羣臣之不試也其禍非直止於誣闇疑惑而已又必致於怠慢之節焉設如家人有五子十孫父母不察精愞則懃力者懈弛而惰慢者遂非也耗業家之道也父子兄弟一門之計猶有若此則又況乎羣臣總猥治公事者哉傳曰善惡無彰何以沮勸是故大人不考功則子孫惰而家破窮官長不考功則吏怠傲而姦究興帝王不考功則直賢抑而詐偽勝故書曰三載考績黜陟幽明蓋所以昭賢愚而勸

能否也聖王之建百官也皆以承天治地物養萬民者也是故有號者必稱典名理者必效於實則官無廢職位無非人夫守相令長效在治民州牧刺史在憲聰明九卿分職以佐三公三公總統典和陰陽皆當考治以效實為王休者也侍中大夫博士議郎以言語為職諫諍為官及選茂才孝廉賢良方正惇樸有道明經寛博武猛治劇此皆名自命而號自定羣臣所當盡情竭慮稱君詔也令則不然令長守相不思立功貪殘專恣不

奉法令侵冤小民州司不治令遠詣闕上書訟訴尚書
不以責三公三公不以讓州郡州郡不以討縣邑是以
凶惡狡猾易相冤也侍中博士諫議之官或處位歷年
終無進賢嫉惡拾遺補闕之語而貶黜之憂羣僚舉士
者或以頑魯應茂才以桀逆應至孝以貪饕應廉吏以
狡猾應方正以諛諂應直言以輕薄應敦厚以空虛應
有道以嚚闇應明經以殘酷應寬博以怯弱應武猛以
頑愚應治劇名實不相副求貢不相稱富者乘其材力

貴者阻其勢要以錢多為賢以剛强為上凡在位所以多非其人而官聽所以數亂荒也古者諸侯貢士一適謂之好德載適謂之尚賢三適謂之有功則加之賞其不貢士也一則黜爵載則黜地三黜則爵土俱畢附下罔上者刑與聞國政而無益於民者斥在上位而不能進賢者逐其受事而重選舉審名實而取賞罰也如此故能別賢愚而獲多士成教化而安民氓三有於世皆致太平聖漢踐祚載祀四八而猶敷以教不假而功不

考賞罰稽而赦贖數也諺曰曲木惡直繩重罰惡明證此羣臣所以樂惣猥而惡考功也夫聖人為天口賢人為聖譯是故聖人之言天之心也賢者之所說聖人之意也先師京君科察考功以遺賢俊太平之基必自此始無為之化必自此來也是故世主不循考功而思太平此猶欲舍規矩而為方圓無舟楫而欲濟大水雖或云縱然不知循其慮度之易且速也羣僚師尹咸有典司各居其職以責其效百郡千縣各因其前以謀其後

辭言應對各縁其文以覈其實則奉職不解而陳言者不得誣矣書云賦納以言明試以功車服以庸誰能不讓誰能不敬應此堯舜所以養黎民而致時雍也

思賢第八

國之所以存者治也其所以亡者亂也人君莫不好治而惡亂樂存而畏亡然常觀上記近古已來亡代有三穢國不數夫何哉察其敗皆由君常好其所亂而亡其所治憎其所以存而愛其所以亡是雖相去百世縣年

一紀限隔九州殊俗千里然其已徵敗迹若重規襲矩稽節合符故曰雖有堯舜之美必考於周頌雖有桀紂之惡必譏於版蕩殷鑒不遠在夏后之世夫與死人同病者不可生也與亡國同行者不可存也豈虚言哉何以知人且病也以其不嗜食也何以知國之將亂也以其不嗜賢也是故病家之厨非無嘉饌也乃其人弗之能食故遂於死也亂國之官非無賢人也其君弗之能任故遂於亡也夫生餄秔粱旨酒甘醪所以養生也而

病人惡之以為不若菽麥糟糠欲清者此其將死之候也尊賢任能信忠納諫所以為安也而闇君惡之以為不若姦佞闒茸讒諛言者此其將亡之徵老子曰夫唯病病是以不病易稱其亡其亡繫于苞桑是故養壽之士先病服藥養世之君先亂任賢是以身常安而國脉永也上醫醫國其次下醫醫疾夫人治國故治身之象疾者身之病亂者國之病也身之病待醫而愈國之亂待賢而治治身有黄帝之術治世有孔子之經然病不

愈而亂不治者惟鍼石之法誤而五經之言誣也乃因之者非其人苟非其人則規不圓而矩不方繩不直而準不平鑽燧不得火鼓石不下金金馬不可以追速土舟不可以涉水也凡此八者天之張道有形見物苟非其人猶尚無功則又況乎懷道術以撫民氓乘六龍以御天心者哉夫治世不得真賢譬猶治疾不得良醫也治疾當真人參反得支羅服當得麥門冬反烝橫麥已而不識真合而服之病以侵劇不自知為人所欺也乃反

謂方不誠而藥皆無益於病因棄後藥而弗敢飲而便求巫覡者雖死可也人君求賢下應以鄙與真不以枉已不引真受猥官之國以侵亂不自知為下所欺也乃反謂經不信而賢皆無益於救亂因廢真言不復求進更任俗吏雖滅亡可也三代以下皆以支羅服烝橫參合藥病日痁而遂死也書曰人之有能使羞其行國乃其昌是故先王為官擇人必得其材功加於人德稱其位人謀鬼謀百姓與能務順以動天地如此三代開國

建侯所以傳嗣百世歷載千數者也自春秋之後戰國之制將權臣必以親家皇后兄弟主婿外孫年雖童妙未脱桎梏由籍此官職功不加民澤不被下而取侯多受茅土又不得治民效能以報百姓虚賞重禄素餐尸位而但事淫侈坐作驕奢破敗而不及傳世者也子産有言未能操刀而使之割其傷實多世主也主之於貴戚也愛其嬖媚之美不量其材而受之官不使立功自託於民而苟務高其爵位崇其賞賜令結怨於下民縣

罪於惡積過既成豈有不顛隕者哉此所謂子之愛人傷之而已哉先王之制官民必論其材論定而後爵之位定然後祿之人君也此君不察而苟以親戚邑官之人典官者譬猶以愛子易御僕以明珠易瓦礫雖有可愛好之情然而其覆大車而殺病人也久矣書稱天工人其代之傳曰夫成天地之力者未嘗不蕃昌也由此觀之世主欲無功之人而彊富之則是與天鬬也使無德況之人與皇天鬬而欲久立自古以來未之嘗有也

## 本政第九

凡人君之治莫大於和陰陽陰陽者以天為本天心順則陰陽和天心逆則陰陽乖天以民為心民安樂則天心順民愁苦則天心逆民以君為統君政善則民和治君政惡則民冤亂君以恤民為本臣忠良則君政善臣姦枉則君政惡以選為本選舉實則忠賢進選虛偽則邪黨貢選以法令為本法令正則選舉實法令詐則選虛偽法以君為主君信法則法順行君欺法則法委棄

君臣法令之功必効於民故君臣法令善則民安樂民安樂則天心慰天心慰則陰陽和陰陽和則五穀豐五穀豐而民眉壽民眉壽則興於義興於義而無奸行無奸行則世平而國家寧社稷安而君尊榮矣是故天心陰陽君臣民氓善惡相輔至而代相徵也夫天者國之基也君者民之統也臣者治之材也工欲善其事必先利其器是故將致太平者必先調陰陽調陰陽者必先順天心順天心者必先安其人安其人者必先審擇其

人是故國家存亡之本治亂之機在於明選而已矣聖人知之故以為黜陟之首書曰爾安百姓何擇非人此先王致太平而發頌聲也否泰消息陰陽不並觀其所聚而興衰之端可見也稷禹皐陶聚而致雍熙皇父蹶踽聚而致災異夫善惡之象千里合符百世累迹性相近而習相遠是故賢愚在心不在貴賤信欺在性不在親疎二世所以共亡天下者丞相御史也高祖所以共取天下者繒肆狗屠也驪山之徒鉅野之盗皆為名將

由此觀之苟得其人不患貧賤苟得其材不嫌名迹遠迹漢元以來驕貴之臣每受罪誅黨與在位并伏辜者常十二三由此觀之貴寵之臣未嘗不播授私人進姦黨也是故王莽與漢公卿牧守奪漢光武與漢之遺民棄士共誅如貴人必賢而忠賤人必愚而欺則何以若是自成帝以降至于莽公卿列侯下訖令尉大小之官且十萬人皆自漢所謂賢明忠正貴寵之士也莽之篡位唯安衆侯劉崇東郡太守翟義思事君之禮義勇奮

發欲誅莽功雖不成志節可紀夫以十萬之計其能奉報恩二人而已由此觀之衰世羣臣誠少賢也其官益大者罪益重位益高者罪益深爾故曰治世之德衰世之惡常與爵位自相副也孔子曰國有道貧且賤焉恥也國無道富且貴焉恥也詩傷皎皎白駒在彼空谷巧言如流俾躬處休蓋言衰世之士志彌潔者身彌賤佞彌巧者官彌尊也方以類聚物以羣分同明相見同聽相聞唯聖知聖唯賢知賢今當塗之人既不能昭練賢

鄙然又郤於貴人之風指脅以權勢之囑託請謁闐門禮贄輜輧迫於目前之急則且先之此正士之所獨蔽而羣邪之所黨進也周公之為宰輔也以謙下士故能得真賢祁奚之為大夫也舉讎薦子故能得正人今世得位之徒依女妹之寵以驕士藉亢龍之埶以陵賢而欲使志義之士匍匐曲躬以事己毀顏諂諛以求親然後乃保持之則真士採薇凍餒伏死巖穴之中而已爾豈有肯踐其闥而交其人者哉

## 潛歎第十

凡有國之君者未嘗不欲治也而治不世見者所任不賢故也世世未嘗無賢也而賢不得用者羣臣妬也主有索賢之心而無得賢之術臣有進賢之名而無進賢之實此以人君孤危於上而道獨抑於下也夫國君之所以致治者公也公法行則軌亂絶佞臣之所以便身者私也私術用則公法奪列士所以建節者義也正節立則醜類代此姦臣亂吏無法之徒所謂日夜杜塞賢君

義士之間咸使不相得者也夫賢者之為人臣不損君以奉佞不阿衆以取容不惰公以聽私不撓法以吐剛其明能照姦而義不比黨是以范武歸晉而國姦逃華元反朝而魚氏亡故正義之士與邪枉之人不兩立之夫人君之取士也不能參聽民䜣斷之聰明反徒信亂臣之說獨用汚吏之言此所謂與仇遷使令囚擇吏者也書云謀及乃心謀及庶人孔子曰衆好之必察焉衆惡之必察焉故聖人之施舍也不必任衆亦不必專已

必察彼已之為而度之以義或舍人取已故舉無遺失而政無廢滅也或君則不然已有所愛則因以斷正不稽於衆不謀於心苟眩於愛唯言是從此政之所以敗亂而士之所以放佚者也昔紂好色九侯聞之乃獻厥女紂則大喜以為天下之麗莫若此也以問妲已妲已懼進御而奪已愛也乃偽俯而泣曰君王年即耆邪明既衰邪何貌惡之若此而覆謂之好也紂於是渝而以為惡妲已恐天下之愈進美女者因白九侯之不道也

乃欲以此惑君王也王而弗誅何以革後紂則大怒遂脯厥女而烹九侯自此之後天下之有美女者乃皆重室晝閉唯恐紂之聞也趙高專秦將殺二世乃先示權於衆獻鹿於君以為駿馬二世占之曰鹿高曰馬也二世收目獨視曰丞相誤邪此鹿也高終對以馬問於朝臣朝臣或助二世而非高高因白二世此皆阿主惑上不忠莫大乃盡殺之自此之後莫敢正諫而高遂殺二世於望夷竟以亡夫好之與惡放於目而鹿之與馬者

著於形者也已又定矣還至讒如臣妾之飾僞言而作辭也則君王失己心而人物喪我體矣況乎逢幽隱因人而待校其信不若察妖女之留意也其辨賢不肖也必若辨鹿馬之審固也此二物者皆得進見於朝堂暴質於廷臣矣及歡愛苟媚佞說巧辨之惑君也猶炫燿君目變奪君心便以好醜以鹿爲馬而況於郊野之賢闕外之士未嘗得見者乎夫在位者之好蔽賢而務進黨也自古而然昔唐堯之大聖也聰明宣昭虞舜之大

聖也德音發聞堯為天子求索賢人訪於羣后羣后不肯薦舜而反稱共鯀之徒賴堯之聖後乃舉舜而放四子夫以古聖之質也堯聽之明也舜德之彰也君明不可欺德彰不可蔽也質鮮為佞而位者尚直若彼今夫列士之行其不及堯舜乎遠矣而俗之荒唐世法滋彰然則求賢之君哀民之士其相合也亦必不幾矣文王游畋遇姜尚于渭濱察言觀志而見其心不諮左右不諏羣臣遂載反歸委之以政用能造周故堯系鄉黨以

得舜文王參已以得呂尚豈若殷辛秦政既得賢人反
決滯於讒誅殺正直而進任姦臣之黨哉是以明聖之
君於正道也不專驅於貴寵惑於嬖媚不棄疏遠不輕
幼賤又參而任之故有周之制也天子聽政使三公至
於列士獻典良史獻書師箴瞍賦矇誦百工諫庶人傳
語近臣盡規親戚補奏瞽瞍教誨耆艾修之而後王斟
酌焉是以事行而無敗也末世則不然徒信貴人驕妬
之議獨用苟媚蠱惑之言行豐禮者蒙愆咎論德義者

見尤惡於是諛臣又從以詆訾之法被以議上之刑此賢士之始困也夫詆訾之法者伐賢之斧也而驕妬者噬賢之狗也人君内秉伐賢之斧權噬賢之狗而外招賢欲其至也不亦悲乎

潛夫論卷二

欽定四庫全書

# 潛夫論卷三

漢 王符 著

## 忠貴第十一

世有莫盛之福又有莫痛之禍處莫高之位者不可以無莫大之功竊亢龍之極貴未嘗不破亡也成天地之大功者未嘗不蕃昌也帝王之所尊敬天之所甚愛者民也今人臣受君之重位牧天之所甚愛焉可以不安

而利之養而濟之哉是以君子任職則思利民達上則思進賢功孰大焉故居之而下不重也在前而後不殆也書稱天工人其代之王者法天而建官自公卿以下至于小司輒非天官也是故明王不敢以私愛忠臣不敢以誣能夫竊人之財猶謂之盜況偷天官以私已乎以罪犯人必加誅罰況乃犯天得無咎乎五代建侯開國成家傳嗣百世歴載千數皆以能當天官功加百姓周公東征後世追思召公甘棠人不忍伐見愛如是豈欲私

害之者哉此其後之封君多矣或不終身或不朞月而莫隕墜其世無者載莫盈百是人何也哉五代之臣以道事君以仁撫世澤及草木兼利外内普天率土莫不被德其所安全真代天工也是以福祚流衍本支百世季世之臣不思順天而時主是謏謂破敵者為忠多殺者為賢白起蒙恬秦以為功天以為賊息夫董賢主以為忠天以為盜此等之儔雖見貴於時君然上不順天心下不得民意故卒泣血號咷以辱終也易曰德薄而

位尊智小而謀大力少而任重鮮不及矣是故德不稱其任其禍必酷能不稱其位其殃必大且夫竊位之人天奪其鑒神惑其心是故貧賤之時雖有鑒明之資仁義之志一旦富貴則背親捐舊喪其本心皆踈骨肉而親便辟薄知友而厚狗馬財貨滿於僕妾禄賜盡於猾奴寧見朽貫千萬而不忍賜人一錢寧積粟腐倉而不忍貸人一斗人多驕肆負債不償骨肉怨望於家細民謗讟於道前人以敗後爭襲之誠可傷也歷觀前世貴

人之用心也與嬰兒等嬰兒有常病貴人有常禍父母有常失人君有常過嬰兒常病傷飽也貴人常禍傷寵也父母常失在不能已於媚子人君常過在不能已於驕臣哺乳太多則必掣縱而生癇貴富太盛則必驕佚而生過是故媚子以賊其福者非一門也驕臣用滅其家者非一世也或以背叛橫逆不道或以德薄不稱其貴文昌奠功司命舉過觀惡深淺稱罪降罰或捕格斬首或拉髆掣胷掊死深穽銜刀都市殭屍破家覆宗滅

族者皆無功於民氓者也而後人貪權冒寵蓄積無極思登顛隕之臺樂循覆車之迹願裨福祚以備員滿貫者何世無之當吕氏之貴也太后稱制而專政禄産秉事而握權擅立四王多封子弟兼據將相外内磐結自以雖湯武興五霸作弗能危也於是廢仁義而尚威虐滅禮信而務譎詐海内怨痛人欲其亡故一朝摩滅而莫之哀也霍氏之貴專相幼主誅滅同僚廢帝立帝莫之敢違禹繼父位山雲秉事諸壻專典禁兵婚姻本族

王氏之貴九侯五將朱輪二十三太后專政秉權三世莽為宰衡封安漢公居攝假號身當南面卒以篡位十有餘年自以居之已久威立恩行永無禍敗故遂肆心恣意私近忘違崇聚羣小重賦殫民以奉無功動為姦詐託之經義迷罔百姓欺誣天地自以我密人莫之知皇天從上鑒其姦神明自幽照其態豈有誤哉夫鳥以山為畀而橧巢其上魚以淵為淺而穿穴其中卒所以得之者餌也貴戚懼家之不吉而聚諸令名懼門之不

堅而為作鐵樞卒其以敗者非苦禁忌少而門樞朽也常苦崇財貨而行驕僭虐百姓而失民心爾孔子曰不患無位患已不立是故人臣不奉遵禮法竭精思職推誠輔君效功百姓下自附於民氓上承順於天心而乃欲任其私知竊君威德以陵下民反戾天地欺誣神明偷進苟得以自奉厚居累卵之危而圖泰山之安為朝露之行而思傳世之功譬猶始皇之舍德任刑而欲計一以至於萬也豈不惑哉

## 浮侈第十二

王者以四海為一家以兆民為通計一夫不耕天下必受其饑者一婦不織天下必受其寒者今舉世舍農桑趨商賈牛馬車輿填塞道路游手為功充盈都邑治本者少浮食者衆商邑翼翼四方是極今察洛陽浮末者什於農夫虛偽游手者什於浮末是則一夫耕百人食之一婦桑百人衣之以一奉百孰能供之天下百郡千縣市邑萬數類皆如此本末何足相供則民安得不饑

寒饑寒並至則安能不為非為非則姦宄姦宄繁多則吏安能無嚴酷嚴酷數加則下安能無愁怨愁怨者多則咎徵並臻下民無聊則上天降災則國危矣夫貧生於富弱生於強亂生於治危生於安是故明王之養民也憂之勞之教之誨之慎微防萌以斷其邪故易美節以制度不傷財不害民七月詩大小教之終而復始由此觀之民固不可恣也今民奢衣服侈飲食事口舌而習調欺以相詐紿比肩是也或以謀姦合任為業或以

游敖博奕為事或丁夫世不傳犂鋤懷丸挾彈攜手遨
遊或取好土作丸賣之於彈外不可以禦寇内不足以
禁鼠晉靈好之以增其惡未嘗聞志義之士喜操以游
者也唯無心之人羣豎小子接而持之妄彈鳥雀百發
不得一而反中面目此最無用而有害也或坐作竹簧
削鋭其頭有傷害之象傳以蠟蜜有甘舌之類皆非吉
祥善應或作泥車瓦狗馬騎倡排諸戲弄小兒之具以
巧詐詩刺不績其麻女也婆娑今多不脩中饋休其蠶

織而起學巫祝鼓舞事神以欺誣細民熒惑百姓婦女羸弱疾病之家懷憂積憒皆易恐懼至使犇走便時去離正宅崎嶇路側上漏下濕風寒所傷姦人所利賊盜所中益禍益祟以致重者不可勝數或棄醫藥更往事神故至於死亡不自知為巫所欺誤乃反恨事巫之晚此熒惑細民之甚者也或裁好繒作為疏頭令工采畫顧人書祝虛飾巧言欲邀多福或裂拆繒綵裁廣數分長各五寸縫繒佩之或紡綵絲而縻斷截以繞臂此長

無益於吉凶而空殘滅繒絲縈悸小民剋削綺穀寸竊八采以成榆葉無窮水波之文碎刺縫紩詐為笥囊裙襑衣被費繒百練用功十倍此等之儔既不助長農工女無有益於世而坐食嘉穀消費白日毀敗成功以見為破以牢為行以大為小以易為難皆宜禁者也山林不能給野火江海不能灌漏卮孝文皇帝躬衣弋綈足履革舄以韋帶劒集上書囊以為殿帷盛夏苦暑欲起一臺計直百金以為奢費而不作也今京師貴戚衣服

飲食車輿文飾廬舍皆過王制僭上甚矣從奴僕妾皆
服葛子升越筩中女布細緻綺縠氷紈錦繡犀象珠玉
琥珀瑇瑁石山隱飾金銀錯鏤麞麂履舄文組綵褋驕
奢僭主轉相誇詫箕子所晞今在僕妾富貴嫁娶車軿
各十騎奴侍僮夾轂節引富者競欲相過貧者恥不逮
及是故一饗之所費破終身之本業古者必有命民然
後乃得衣繒綵而乘車馬今者既不能盡復古細民誠
可不須乃踰於古者孝子衣必細緻履必麞麂組必文

采飾機必緰此挍飾車馬多畜奴婢諸能若此者既不生穀又坐為蠹賊也子曰古之葬者厚衣之以薪葬之中野不封不樹喪期無時後世聖人易之以棺槨桐木為棺葛采為緘下不及泉上不泄臭後世以楸梓槐柏杔樗各取方土所出膠漆分致釘細要削除鏟靡不見際會其堅足恃其用足任如此可矣其後京師貴戚必欲江南檽梓豫章梗柟邊遠下土亦競相倣傚夫檽梓豫章所出殊遠又乃生於深山窮谷經歷山岑立千丈

之高百丈之谿傾倚險阻崎嶇不便求之連日然後見之伐斫連月然後訖會衆然後能動擔牛列然後能致水油漬入海連淮逆河行數千里然後到雒工匠彫治積累日月計一棺之成功將千萬夫既其終用重且萬斤非大衆不能舉非大車不能輓東至樂浪西至燉煌萬里之中相競用之此之費功傷農可為痛心古者墓而不崇仲尼喪母冢高四尺遇雨而墮弟子請治之夫子泣曰禮不修墓鯉死有棺而無椁文帝葬於芒碭明

帝葬於洛南皆不藏珠寶不造廟不起山陵陵墓雖卑
而聖高今京師貴戚郡縣豪家生不極養死乃崇喪或
至刻金鏤玉檽梓楩柟良家造塋黃壤致藏多埋珍寶
偶人車馬造起大冢廣種松栢廬舍祠堂崇侈上僭寵
臣貴戚州郡世家每有喪葬都官屬縣各當遣吏齎奉
車馬帷帳貸假待客之具競為華觀此無益於奉終無
增於孝行但作煩攪擾傷害吏民今按鄗畢之郊文武
之陵南城之壘曾晳之冢周公非不忠也曾子非不孝

也以為襄君顯父不在聚財揚名顯祖不在車馬孔子曰多貨財傷于德弊則没禮晉靈厚賦以雕墻春秋以為非君華元樂吕厚葬文公春秋以為不臣况於羣司士庶乃可僭侈主上過天道乎景帝時原侯衛不害坐葬過律奪國明帝時桑民摐陽侯坐塜過制髡削令天下浮侈離本僭奢過上亦已甚矣凡諸所譏皆非民性而競務者亂政薄化使之然也王者統世觀民設教乃能變風易俗以致太平

# 慎微第十三

凡山陵之高非削而成崛起也必步增而稍上焉川谷之卑非截斷而顛陷也必陂池而稍下焉是故積上不止必致嵩山之高積下不已必極黄泉之深非獨山川也人行亦然有布衣積善不怠必致顔閔之賢積惡不休必致桀跖之名非獨布衣也人臣亦然積正不倦必生節義之志積邪不止必生暴弑之心非獨人臣也國君亦然政教積德必致安泰之福舉措數失必致危亡

之禍故仲尼曰湯武非一善而王也桀紂非一惡而亡也三代之廢興也在其所積積善多者雖有一惡是謂過失未足以亡積惡多者雖有一善是謂誤中未足以存人君聞此可以悚懼布衣聞此可以改容是故君子戰戰慄慄日慎一日克己三省不見是圖孔子曰善不積不足以成名惡不積不足以滅身夫賢聖卑革則登其福慶封伯荒淫于酒沈湎無度以弊其家晉平殆政惑以喪志良臣弗匡故俱有禍楚莊齊威始有荒淫之

行削弱之敗幾於亂亡中能感悟勤恤民事勞積苦思孜孜不怠夫出陳應爵命管蘇召即墨烹阿大夫故能中興彊霸諸侯當時尊顯後世見思傳為令名載在圖籍由此言之有希人君其行一也知己曰明自勝曰彊夫有不善未嘗不知知之未嘗復行此顔子所以稱庶幾也詩曰天保定爾亦孔之固俾爾亶厚胡福不除足以滅身小人以小善謂無益而不為也以小惡謂無傷而不去也是以惡積而不可掩罪大而不可解也此蹶

屬所以迷國而不返三季所以遂往而不振者也夫積微成顯由小基大敬怠之際致存亡聖人常慎其微也文王小心翼翼成王夙夜敬止思慎微眇早防未萌故能太平而傳子孫且夫邪之與正猶水與火不同原不得並盛正性勝則遂重已不忍虧也故伯夷餓死而不恨邪性勝則惕怵而不忍舍也故王莽竊位而不慙積惡習之所致也夫積惡習非久致死亡非一也天保定爾俾爾多益以莫不庶善也此言也言天保佐王者定

其性命甚堅固也使汝信厚何不治而多益之甚庶衆焉不遵履五常順養性命以保南山之壽松栢之茂也德輶如毛爲仁由己莫與荓蜂自求辛螫禍福無門唯人所召天之所助者順也人之所尚者信也履信思乎順又以尚賢是以吉無不利也亮哉斯言可無思乎

## 實貢第十四

國以賢興以諂衰君以忠安以忌危此古今之常論而世所共知也然衰國危君繼踵不絕者豈世無忠信正

直之士哉誠苦忠信正直之道不得行爾夫十步之間必有茂草十室之邑必有俊士賢材之生日月相屬未嘗乏絶是故亂殷有三仁小衛多君子以漢之廣博士民之衆多朝廷之清明上下之修治而官無直吏位無良臣此非今世之無賢也乃賢者廢錮而不得達於聖主之朝爾夫志道者少友逐俗者多儔是以舉世多黨而朋私競比質而行趨華貢士者非復依其質幹準其材行也直虛造空美掃地洞説擇能者而書之公卿

刺史掾從事茂才孝廉且二百員歷察其狀德侔顏淵
卜冉究其行能多不及中誠使皆如狀文則是為歲得
大賢二百也然則災異曷為譏此非其實之効夫說粱
餅食肉有好於面因而不若糲粢藜烝之可食於口也
圖西施毛嬙可悅於心而不若醜妻陋妾之可御於前
也虛張高譽彊蔽疵瑕以相誑耀有快於耳而不若忠
選實行可任於官也周顯拘時故蘇秦燕噲利虛譽故
讓子之皆舍實聽聲嘔哇之過也夫聖人純賢者駮周

公不求備四肢不相兼況末世乎是故高祖所輔佐光武所將相不遂偽舉不責兼行亡秦之所棄王莽之所損二祖任用以誅暴亂成致治安太平之世而云無士數開橫選而不得直甚可憤也夫明君之詔也若聲忠臣之和也當如響應長短大小清濁疾徐必相和也是故求馬問馬求驢問驢求鷹問鷹求駹問駹由此教令則賞罰必也夫高論而相欺不若忠論而誠實且攻玉以石治金以鹽濯錦以魚浣布以灰夫物固有以賤治

貴以醜治好者矣智者棄其所短而採其所長以致其功明君用士亦猶是也物有所宜不廢其材況於人乎夫修身慎行敦方正直清廉潔白恬淡無為化之本也憂君哀民獨覩亂原好善嫉惡賞罰嚴明治之材也明君兼善而兩納之惡行之器也為金玉寶政之材剛鐵用無此二寶苟務作異以求名詐靜以惑衆則敗俗傷化今世纂虛者此謂堅白堅白之行明君所憎而王制所不取是故選賢貢士必考覈其清素據實而言其有

小疵勿彊衣飾以壯虛聲一能之士各貢所長出處默語勿彊相兼則蕭曹周韓之論何足得矣吳鄧梁竇之徒進矣因各以所宜量材授任則庶官無曠興功可成太平可致麒麟可臻且燕小其位卑然昭王尚能招集他國之英俊興誅暴亂成致治彊令漢土之廣博天子尊明而曾無一良臣此誠不愍兆黎之愁苦不急賢人之佐治爾孔子曰未之思也夫何遠之有忠良之吏誠易得也顧聖王欲之不爾

潛夫論卷三

# 潛夫論卷四

漢 王符 撰

## 班禄第十五

太古之時烝黎初載未有上下而自順序天未事焉君未事焉後稍矯虔或相陵虐侵漁不止為萌巨害於是天命聖人使司牧之使不失性四海蒙利莫不被德僉共奉戴謂之天子故天之立君非私此人也以役民蓋

以誅暴除害利黎元也是以人謀鬼謀能者處之詩云皇以上帝臨下有赫監觀四方求民之莫惟此二國其政不獲惟此四國爰究爰度上帝耆之憎其式廓乃睠西顧此惟與宅蓋此言也言夏殷二國之政不得乃用奢夸廓人上帝憎之更求民之瘼聖人與天下四國究度而使居之也前招良人疾奢夸廓無紀極也乃惟度法象明著禮秩為優憲藝縣之無窮故傳曰制禮上物不過乎十二天之道也是以先聖籍田有制供神有度

奉已有節禮賢有數上下大小貴賤親疎皆存等威階級衰殺各足祿其爵位公私達其等級禮行德義當此之時也九州之內合三千里爾八百國其班祿也以上農為正始於庶人在官者祿足以代耕蓋食九人諸侯下士亦然中士倍下士食十八人上士倍中士食三十六人大夫倍之食七十二人小國之卿二於大夫次國之卿三於大夫大國之卿四於大夫食二百八十八人君各什其卿天子三公侯采視公侯蓋方百里卿采視

伯方七十里大夫視子男方五十里元士視附庸方三十里功成者封是故官政專公不慮私家子弟事學不於財利閉門自守不與民交爭而無饑寒之道而不陷養優而不隘吏愛官而不貪民安靜而强力此則太平之基立矣乃惟慎貢選明必黜陟官得其人人任其職欽若昊天敬授民時同我婦子饁彼南畝上務節禮正身示下下悅其政各樂竭已奉戴其上是以天地交泰陰陽和平民無姦慝璣衡不傾德氣流布而頌聲作也

其後忽養賢而鹿鳴思背宗族而采蘩怨履畝稅而碩鼠作賦斂重譯告通班祿頗而傾甫賴行人定而緜蠻諷故遂耗亂衰弱及周室微而五伯作六國獎而暴秦興背義理而尚威力滅典禮而行貪叨重賦斂以厚己强臣下以弱枝文德不獲封爵列侯不獲是以賢者不能行禮以從道品臣不能無枉以從利君又驟赦以縱賊民無恥而多盜竊何者咸氣加而化上風患害切而迫饑寒此滅絕所以不能詰其盜者也詩云大風有隧

貪人敗類爾之教矣民斯效矣是故先王將發號施令諄諄如也唯恐不中而道於邪故作典以為民極上下共之無有私曲三府制法未聞赦彼有罪獄貨惟賓者也是故明君臨衆必以正猒既無軌有務節禮而厚下復德而崇化使皆阜於養生而競於廉恥也是以官長正而百姓化邪心黜而姦慝絶然後乃能協和氣而致太平也易曰聖人養賢以及萬民為本君以臣為基然後高能可崇也馬肥然後遠能可致也人君不務此而

欲致太平此猶薄趾而望高墻驥瘠而責遠道其不可得也必矣

## 述赦第十六

凡治病者必先知脉之虛實氣之所結然後為之方故疾可愈而壽可長也為國者必先知民之所苦禍之所起然後設之以禁故姦可塞國可安矣今日賊良民之甚者莫大於數赦赦贖數則惡人昌而善人傷矣奚以明之哉曰孝悌之家脩身慎行不犯上禁從生至死無

銖兩罪數有赦贖未嘗蒙恩常反為禍何者正直之士之為吏也不避强禦不辭上官從事督察方懐不快而姦猾之黨又加誣言皆知赦之不久則且共横枉侵被誣奏罪法令主政妄行刑辟高至死徙下乃淪寃而被寃之家乃甫當乞鞫告故以信直亦無益於死亡矣及隱逸行士淑人君子為讒佞利口所加誣覆冒下士寃民能至闕者萬無數人其得省問者不過百一既對尚書空遣去者復十六七雖蒙考覆州郡轉相顧望留吾

真事春夏待秋冬秋冬復涉春夏如此行逢赦者不可勝數又謹慎之民用天之道分地之利擇莫犯法謹身節用積累纖微以致小過此言質良蓋民惟國之基也輕薄惡子不道凶民思彼姦邪起作盜賊以財色殺人父母戮人之子滅人之門取人之賄及貪殘不軌凶惡弊吏掠殺不辜侵冤小民皆望聖帝當為誅惡治冤以解蓄怨反一門赦之令惡人高會而夸詫老盜服藏而過門孝子見讎而不得討亡主見物而不得取痛莫甚

焉故將赦而先暴寒者以且多冤結悲恨之人也夫養
稊稗者傷禾稼惠姦宄者賊良民書曰文王作罰刑茲
無赦是故先王之制刑法也非好傷人肌膚斷人壽命
者也乃以威姦懲惡除民害也天下本以民不能相治
故為立王者以統治之天子在於奉天威命共行賞罰
故經稱天命有德五服五章天罰有罪五刑五用詩刺
彼宜有罪汝反脫之古者唯始受命之君承大亂之極
被前王之惡其民乃並為敵讎罔不寇賊消義姦宄奪

擾以革命受祚為父母故得一赦繼體以下則無違焉何者人君配乾而仁順育萬以成大功非得以養姦活罪為仁放縱天賊為賢也今夫性惡之人居家不孝悌出入不恭敬輕薄慢傲凶悍無辨明以威侮侵利為行以賊殘酷虐為賢故數陷王法者此乃民之賊下愚極惡之人也雖脫桎梏而出囹圄終無改悔之心自詩以贏敖頭出獄蹴踖復犯法者何不然洛陽至有主諧合殺人者謂之會任之家受人十萬謝客數千又重饋部

吏吏興通姦利入深重幡黨盤牙請至貴戚寵權説聽於上謁行於下是故雖嚴令尹終不能破攘斷絶何者凡敢為大姦者材必有過於衆而能自媚於上者也多散苟得之財奉以諂諛之辭以轉相驅非有第五公之廉直孰能不為顧令案洛陽主殺人者高至數十下至四五身不死則殺不止皆以數赦之所致也由此觀之大惡之資終不可化雖歲遼勸姦耳惑之三辰有侯天氣當赦故人主順之而施德焉未必殺也王者至貴與

天通精心有所想意有所慮未發聲色天為變移或若休咎度徵月之從星此乃宜有是事故見瑞異或戒人主若忽不察是乃己所感致而反以為天意欲然非直也俗人又曰先世欲赦常先遣馬分行市里聽于路隅咸云當赦以知天之赦也乃因施德若使此言也而信則殆過矣夫民之性固好意度者也見久陰則稱將水見久陽則稱將旱見小貴則言將饑見小賤則言將穰然或否由此觀之民之所言未必天意前世贖赦稀踈

民無覬覦近時以來赦贖稠數故每春夏輒望復赦或抱罪之家僥倖蒙恩故宣此言以自悅喜誠令仁君聞此以為天教而輒從之誤莫甚焉論者多曰久不赦則姦宄熾而吏不制故赦贖以解之此乃招亂之本原不察禍福之所生者之言也凡民所以輕為盜賊吏之所以易作姦匿者以赦贖數而有僥望也若使犯罪之人終身被命得而必刑則計姦之謀破而慮惡之心絕矣夫良贖可孺子可令妲中庸之人可弘而下故其諺曰

一歲載赦奴兒噫嗟言王誅不行則痛瘀之子皆輕犯
況狡乎若誠思畏盜賊多而姦不勝故赦則是為國為
姦宄報也夫天道賞善而刑淫天工人其代之故凡立
王者將以誅邪惡而養正善而以逞邪惡逆妄莫甚焉
且夫國無常治又無常亂法令行則國治法令弛則國
亂法無常行法無常弛君敬法則法行君慢法則法弛
昔漢明帝時制舉茂才過闕謝恩賜食事訖問何異聞
對曰巫有劇賊九人刺史數以竊郡訖不能得帝曰汝

非部南郡從事邪對曰是帝乃振怒曰賊發部中而不能擒然材何以為茂擢數百便免官而切讓州郡十日之間賊即伏誅由此觀之擒滅盜賊在於明法不在數赦令不顯行賞罰以明善惡嚴督牧守以擒姦猾而反數赦以勸之其文帝曰謀反大逆不道諸犯不當得赦皆除之將與士大夫灑心更始歲歲灑之然未嘗見姦人宂吏有肯變心悔服稱詔者也有司奏事又俗以赦前之微過妨今日之顯舉然則改往脩來更始之詔亦

不信也詩譏君子屢盟亂是用長故不若希其令必其
言若良不能子無赦者罕之為愈令世歲老古時一赦
則姦宄之減十八九可勝必也昔大司馬吳漢老病將
卒世祖問以遺戒對曰臣愚不智不足以知治慎無赦
而已矣夫方以類聚物以羣分人之情皆見乎辭故諸
言不當赦者非脩身脩行則必憂哀謹慎而嫉毒姦惡
者也諸利數赦者非不達赦屢則弛內懷隱憂有顧為
者也人君之發令也必諂於羣臣羣臣之姦邪者固必

伏罪雖正直吏猶有公過自非黨夆李離孰肯刑身以正國然則是皆援私計以論公政也興瓜議衷無時焉可傳曰民之多幸國之不幸也夫有罪而備辜寬結而信理此天之正也而王之法也故曰無縱詭隨以謹無良若枉善人以惠姦惡此謂斂怨以為德先帝制法論衷刺刀者何則以其懐姦惡之心有殺害之意也聖主有子愛之情而是有殺害之意故誅之況成罪乎尚書康誥王曰於戲封敬明乃罰人有小罪匪省乃惟終自

作不典式爾有厥罪小乃不可殺言恐人有罪雖小然非以過差為之也乃欲終身行之故雖小不可不殺也何則是本頑凶思惡而為之者也乃有大罪非終乃惟眚哉適爾既道極厥罪時亦不可殺言殺人雖有大罪非欲以終身為惡乃過誤爾是不殺也若此者雖曰赦之可也金作贖刑赦作宥罪皆謂良人吉士時有過誤不幸陷離者爾先王議讞獄以制原情論意以殺善人非欲令兼縱惡逆以傷人也是故周官差八議之辟此

先王所以整萬民而致時雍也易故觀民設教變通移時之義今日救世莫尚乎此

## 三式第十七

高祖定漢與羣臣約自非劉氏不得王非有武功不得侯孝文皇帝始封外祖因為典式行之至今孝武皇帝封爵丞相以襃有德後亦襲建武乃絕傳記所載稷禹伯夷臯陶伯翳日受封土周宣王時輔相大臣以德佐治亦獲有國故尹吉甫作封頌二篇其詩曰亹亹申伯

王纘之事于邑于謝南國于是式又曰四牡彭彭八鸞鏘鏘王命仲山甫城彼東方此言申伯山甫文德致昇平而王封以樂土賜以盛服也易曰鼎折足覆公餗其刑渥凶此言公不勝任則有渥刑也是故三公在三載之後宜明考績黜刺簡練其材其有稷卨伯夷申伯仲山甫致治之效者封以列侯令受南土八蠻之賜其尸祿素餐無進治之效無忠善之言者使從渥刑是則所謂明德慎罰而簡練能否之術也誠如此則三公競思

其職而百寮爭竭其忠矣先王之制繼體立諸侯以象賢也子孫雖有食舊德之義然封疆立國不為諸張官置吏不為大夫必有功於民乃得保位故有考績黜刺九錫三削之義詩云彼君子兮不素餐兮由此觀之未有得以無功而祿者也當今列侯率皆襲先人之爵因祖考之位其身無功於漢無德於民專國南面卧食重祿下殫百姓富有國家此素餐之甚者也孝武皇帝患其如此乃令酎金以黜之而益多怨令列侯或有德宜

子民而道不得施或有㐫頑醜不宜有國而惡不上聞且人情莫不以已為賢而效其能者周公之戒不使大臣怨乎不以詩云駕彼四牡四牡項領今列侯年世以來宜皆試補長吏墨綬以上關內侯補黃綬以信其志以旌其能其有韓侯邵虎之德上有功於天下下有益於百姓則稍遷位益土以彰有德其懷姦藏惡尤無狀者削土奪國以明好惡且夫列侯皆剖符受策國大臣也雖身在外而心在王室宜助聰明與智賢愚以佐天

予何得坐作奢僭驕育覔責欺枉小民淫恣酒色職為亂階以傷風化而已手詔書横選猶乃特進而不令列侯舉此於主德大洽列侯大達非執術督責總覽獨斷御下方也令雖未使典始治民然有横選當循王制皆使貢士不能闕也是誠封三公以旌積德誡列侯以除素餐上合建侯之義下合黜刺之法賢材任職則上下蒙福素餐委國位無凶人誠如此則諸侯必内思制行而助國矣今則不然有功不賞無德不削甚非勸善懲

惡誘進忠賢移風易俗之法術也昔先王撫世選練明德以統理民建正封不過百取法於震以爲賢人聰明不是過也又欲德能優而所治纖則職脩理而民被澤矣今之守相制地千里威權勢力盛於列侯材明德義未必過古而所治逾百里此所治纖則職也是故守相不可已不審也昔宣皇帝興於民閒深知之故常嘆曰萬民所以安田里無憂患者政平訟治也與我共此者其惟良二千石於是明選守相其初除者必躬見之觀

志趣以昭其能明察其治重其刑賞姦宄減少户口增息者賞賜金帛爵至封侯其耗亂無狀者皆銜刀瀝血於市賞罰而信罰痛而必羣臣畏勸競思其職故能致治安而世昇平降鳳凰而來麒麟天人悦喜符瑞並臻功德茂盛立為中宗由此觀之牧守大臣者誠盛衰之本原也不可不選練也法令賞罰者誠治亂之樞機也不可不嚴行也昔仲尼有言政寬則民慢慢則糾之猛猛則民殘殘則施之以寬寬以濟猛猛以濟寬政是以

和令者刺史守相率多怠慢違背法律廢忽詔令專情務利不卹公事細民寃結無所控告下土邊遠能詣闕者萬無數人其得省治不能百一郡縣負其如此也故至敢延期民日往上書此皆太寬之所致也噬嗑之卦下動上明其象曰先王以明罰勑法夫積怠之俗賞不隆則善不勸罰不重則惡不懲故凡欲變風改俗者其行賞罰者也必使足驚心破膽民乃易視聖主誠肯明察羣臣竭精稱職有功效者無愛金帛封侯之費其懷

姦藏惡别無狀者圖鈇鑕鉞之決然則良臣如王成黃霸龔遂邵信臣之徒可比郡而得也神明瑞應可朞年而致也

## 愛日第十八

國之所以為國者以有民也民之所以為民者以有穀也穀之所以豐殖者以有人功也功之所以能建者以日力也治國之日舒以長故其民閒暇而力有餘亂國之日促以短故其民困務而力不足所謂治國之日舒以

長者非謂羲和而令安行也又非能增分度而益漏刻也乃君明察而百官治下循正而得日促以短者非謂羲和而令疾驅也又非能減分度而損漏刻也乃君不明則百官亂而姦究興法令鬻而役賦繁則希民困於吏政仕者窮於典禮寃民就獄乃得真烈士交私乃得保姦臣肆心於上亂化流行於下君子戴質而車馳細民懐財而趨走故視日短也詩云王事靡盬不遑將父言在古閒暇而得行孝今迫促不得養也孔子稱庶則

富之既富則教之是禮義生於富足盜賊起於貧窮富貴坐於寬慢貧窮起於無日聖人深知力者乃民之本也而國之基故務省役而為民愛日是以堯敕羲和欽若昊天敬授民時邵伯訟不忍煩民聽斷棠下能興時雍而致刑錯令則不然萬官撓民令長自衒百姓廢桑而趨府庭者非朝餔不得通非意氣不得見訟不訟輒連月日舉室釋作以相瞻視辭人之家輒請隣里應對送餉比事訖竟亡一歲功則天下獨有受其饑者矣而

品人俗上之司典者曾不覺也郡縣既如寃枉州司不治令破家活達詣公府公府不能昭察真僞則但欲罷之以久困之資故猥說一科令此注百日乃為移書其不滿百日輒更造數甚違召伯頌棠之義此所謂誦詩三百授之政政不達雖多亦奚以為者也孔子曰聽訟吾猶人也從此觀之中材以上皆議曲直之辨刑法之理可鄉亭部吏足以斷決使無怨言然所以不者蓋有故焉傳曰惡直醜正實繁有徒夫直者真正而不撓志

無恩於吏怨家務主者結以貨財故鄉亭與之為排直家後反覆時吏坐之故共枉之於庭以羸民與豪吏訟其勢不如也是故縣與部并後有反覆長吏坐之故舉縣排之於郡以一人與一縣訟其勢不如也故郡與縣并後月反覆太守坐之故舉郡排之於州以一人與郡訟勢不如也故州與郡并而不肯治故乃遠詣公府不公府不能察而苟欲以錢刀課之則貧弱少貨者終無已曠旬滿祈豪富饒錢者取客使往可盈千日非徒百

也治訟若此爲務助豪猾而鎭貧弱也何寃之能治非獨鄉部亂訟也武官斷獄亦皆始見枉於小吏終重寃於大臣怨故未讎輒逢赦令不得復治正士懷寃結而不得信猾吏崇姦宄而不痛坐郡縣所以易侵小民而天下所以多饑窮也於上天感動降災傷穀俱以人功見事言之令自三府以下至于縣道鄉亭及從事督郵有典之司民廢農桑而守之辭訟告訴及以官事應對吏者一人之日廢十萬人人復下計之一人有事二人

獲餉是為日三十萬人離其業也以中農率之則是歲三百萬口受其饑也然則盜賊何從消太平何從作孝明皇帝嘗問令旦何得無上書者左右對曰反支故帝曰民既廢農遠來詣闕而復使避反支是則又奪其日而寃之也乃敕公車受章無避反支上明聖主為民愛日如此而有司輕奪民時如彼蓋所謂有君無臣有主無佐元首聰明股肱怠惰者也詩曰國既卒斬何用不監傷三公居人尊位食人重祿而曾不肯察民之盡瘁

也孔子病夫未之得也患不得之既得之患失之者今公卿始起州郡而致宰相此其聰明智慮未必闇也患其苟先私計而後公義爾詩云莫肯念亂誰無父母今民力不暇穀何以生百姓不足君孰與足嗟哉可無思乎

潛夫論卷四

欽定四庫全書

潛夫論卷五

漢　王符　撰

斷訟第十九

五代不同禮三家不同教非其苟相反也葢世推移而俗化異也俗化異則亂原殊故三家符世皆革定法高祖制三章之約孝文除克膚之刑是故自非殺傷盗賊又罪之法輕重無常各隨時宜要取足用勸善消惡而

已夫制法之意若為藩籬溝塹以有防矣擇禽獸之尤可數犯者而加深厚焉今姦宄雖衆然其原少君事雖繁然其守約知其原少姦易塞見守約政易治塞其原則姦宄絶施其術則遠近治今一歲斷獄雖以萬計然辭訟之辯鬭賊之發鄉部之治獄官之治者其狀一也本皆起民不誠信而數相欺紿也舜勑龍以讒說殄行震驚朕師乃自上古患之矣故先慎己唯舌以示小民孔子曰亂之所生也則言語以為階小人不恥不仁不

畏不義脈脈規規常懷奸唯昧冒前利不顧廉恥苟且中後則榆解奴抵以致禍變者比屈是也非唯細民爲然自封王侯貴戚豪富尤多宇之假舉驕奢以作淫侈高負千萬不肯償責小民守門號哭啼呼曾無怵惕慚怍哀矜之意苟崇聚酒徒無行之人傳空引滿啁啾罵詈晝夜鄂鄂慢遊是好或毆擊責主入於死亡羣盜攻剽刼人無異雖會赦贖不當復得在選辟之科而州司公府反爭取之且觀諸敢妄驕奢而作大責者必非救

饑寒而解困急振貧窮而行禮義者也咸以崇驕奢而奉淫湎爾春秋之義責知誅率孝文皇帝至寡動欲任德然河陽侯陳信坐負六日免國孝武仁明周陽侯田彭祖坐當軹侯宅而不與免國黎陽侯邵延坐不出持馬身斬國除二帝豈樂以錢財之故而傷大臣哉乃欲絕詐欺之端必國家法防禍亂之原以利民也故一人伏正罪而萬家蒙乎福者聖主行之不疑永平時諸侯負責輒有削絀之罰此其後皆不敢負民而世自節儉

辭訟自消矣今諸侯貴戚或曰勑民慎行德義無違制節謹度未嘗負責身絜矩避志厲青雲或既欺負百姓上書封祖願且償責此乃殘掠官民而還依縣官也其誣國慢易罪莫大焉孝經曰陳之以德義而民興行示之以好惡而民知禁今欲變巧僞以崇美化息辭訟以閒官事者莫若表顯有行痛誅無狀導文武之法明詭詐之信令侯王貴戚不得浸廣姦宄遂多豈謂每有爭憤辭訟婦女必致此乎亦以傳見凡諸禍根不早斷絕

則或轉而滋蔓人若斯邪是故原官察之所以務念臣主之所以憂勞者其本皆鄉亭之所治者大半詐欺之所生也故曰知其原少則姦易塞也見其守約則政易持也或婦人之行貴令鮮絜令以適矣無顏復入甲門縣官原之故令使留所既入家必未昭亂之本原不惟貞潔所生者之言也貞女不二心以數變故有匪石之詩不枉行以遺憂故曰歸寧之志一許不改蓋所以長貞潔而寧父兄也其不循此而二三其德者此本無廉

恥之家不直專之所也若然之人又何醜恡輕薄父兄
淫僻婦女不惟義理苟疎一德借本治生逃亡抵中乎
以致於刳腹芟脛滅宗之禍者何所無之先王因人情
喜怒之所能已者則為之立禮制而崇德讓人所可已
者則為之設法禁而明賞罰今市賣勿相欺婚姻無相
詐非人情之不可能者也是故不若立義順法遏絕其
原初雖慚恡於一人然其終也長利於萬世小懲而大
戒此所以全小而濟頑凶也夫立法之大要必令善人

勸其德而樂其政邪人痛其禍而悔其行諸一女許數家雖生十子更百赦勿令得蒙一還私家則此姦絕矣不則髡其夫妻徙千里外劇縣乃可以毒者心而絕其後姦亂絕則太平興矣又貞潔寡婦或男女備具財貨富饒欲守一醮之禮成同穴之義執節堅固齊懷必死終無更許之慮遭值不仁世叔無義兄弟或利其聘幣或貪其財賄或私其兒子則彊中欺嫁處迫脅遣送人有自縊房中飲藥廹上絕命喪軀孤捐童孩此猶迫脅

人命自殺也或後夫多設人客威力脅載守將抱執連日乃授與彊掠人為妻無異婦人軟弱猥為衆彊所扶與執迫幽阨連日後雖欲復修本志嬰絹吞藥難矣

## 衰制第二十

無慢制而成天下者三皇也畫則象而化四表者五帝也明法禁而和海內者三王也行賞罰而齊萬民者治國也君立法而下不行者亂國也臣作政而君不制者亡國也是故民之所以不亂者上有吏吏之所以無姦

者官有法法之所以順行者國有君也君之所以位尊者身有義身有義者君之政也法者君之命也人君思正以出令而貴賤賢愚莫得違也則君位於上而民氓治於下矣人君出令而貴臣驕吏弗順也則君幾於弑而民幾於亂矣夫法令者君之所以用其國也君出令而不從是與無君等主令不從則臣令行國危矣夫法令者人君之銜轡箠策也而民者君之輿馬也若使人臣廢君法禁而施己政令則是奪君之轡策而己獨御

之也愚君闇主託坐於左而姦臣逆道執轡於右此齊騶馬傳所以沈胡公於貝水宋羊叔牂所以弊華元於鄭師而莫之能御也是故陳恒執簡公於徐州李兊害主父於沙丘皆以其毒素奪君之轡策也文言故曰臣弒其君子弒其父非一朝一夕之故也其所由來者漸矣由辯之不蚤辯也是故妄違法之吏妄造令之臣不可不誅也議者必將以為刑殺當不用而德化可獨任此非變通者之論也非淑世者之言也夫上聖不過堯

舜而放四子盛德不過文武而赫斯怒詩云君子如怒亂庶遄沮君子如祉亂庶遄已是故君子之有喜怒也善以止亂也故有以誅止殺以刑禦殘且夫治世者若登丘矣必先躡其卑者然後乃得履其高是故先致治國然後三王之政乃可施也道齊三王然後五帝之化乃可施也道齊五帝然後三王之道乃可從也且夫法也者先王之政也令也者已之命也先王之政所以衆共也已之命所以獨制人也君誠能授法而時貸之布

令而必行之則羣臣百吏莫敢不悉心從己令矣已令無違則法禁必行矣故政令必行憲禁必從而國不治者未嘗有也此一弛一張以令行古以輕重尊卑之術也

## 勸將第二十一

太古之民淳厚敦朴上聖撫之恬澹無為體德履德簡刑薄威不殺不誅而民自化此德之上也德稍弊薄邪心孳生次聖繼之觀民設教坐為誅賞以威勸之既作

五兵又為之憲以正厲之詩云修爾輿馬弓矢戈兵用
戒作則用逖蠻方故曰兵之設也久矣涉歷五代以迄
于今國未嘗不以德昌而以兵彊也今兵巧之械盈乎
府庫孫吳之言聒乎將耳然諸將用之進戰則兵敗退
守則城亡是何也哉曰彼此之情不聞乎主上勝負之
數不明乎將心士卒進無利而自退無畏此所以然也
夫服重上阪出馳千里馬之禍也然節馬樂之者以王
良足為盡力也先登陷陣赴死嚴敵民之禍也然節士

樂之者以明君可爲效死也凡人所以肯起死亡而不辭非爲趨利則因以避害也無賢愚愚智皆然顧其所利害有異爾不利顯名則利厚賞也不避恥辱則避禍亂也非四者雖聖王不能以要其臣慈父不能以必其子明主深知之故崇利顯害以與下市使親疏貴賤賢鄙愚智皆必順我令乃得其欲是以一旦軍鼓雷震旌旗並發士皆奮激競於死敵者豈其情厭久生而樂害死哉乃義士且以激其名貪夫且以求其賞爾今吏從

軍敗沒死公事者以十萬數上不聞弔唁嗟嘆之榮名下又無祿賞之厚實節士無所勸慕庸夫無所貪利此其所以人懷沮懈不肯復死也軍起以來暴師五年典兵之吏將下千數大小之戰歲十百合而希有功歷察其敗無他故焉皆將不明變勢而士不勸於死敵也其士之不能死也乃其將不能效也言賞則不與言罰則不行士進有獨死之禍退蒙衆生之福此所以臨陣亡戰而競思奔北者也孫子曰將者智也仁也敬也信也

勇也嚴也是故智以折敵仁以附衆敬以招賢信以必
賞勇以益氣嚴以一令故折敵則能合衆衆附愛則思
力戰賢智集則陰謀得賞罰必則士盡力氣勇益則兵
勢自倍威令一則唯將所使必有此六者乃可折衝擒
敵輔主安民前羌始反時將師以定令之羣籍富厚之
蓄據列城而氣利勢權十萬之衆將勇傑之士以誅草
創新叛散亂之弱虜擊自至之小寇不能擒滅輒為所
敗令遂雲烝起合從連橫掃滌并原內犯司隸東寇趙

魏西鈔蜀漢五州殘破六郡削迹此亦天之災長吏過爾孫子曰將者民之司命而國安危之主也是故諸有寇之郡太守令長不可以不曉兵今觀諸將既無斷敵合變之奇復無明賞必罰之信然其士民又甚貧困罷械不簡習將恩不素結卒然有急則吏以暴發虐其士士以所拙遇敵巧此為吏驅怨以禦讐士卒縛手以待寇也夫將不能勸其士士不能用其兵此二者與無兵等無士無兵而欲合戰其敗負也治數也故曰其敗者

非天之所災將之過也饒士處世但患無典爾故茍有土地百姓可富也茍有市列商賈可來也茍有士民國家可彊也茍有法令姦邪可禁也夫國不可從外治兵不可從中御郡縣長吏幸得兼此數者之斷已而不能以稱明詔安民氓哉此亦捂克闒茸無里之爾夫世有非常之人然後定非常之事必道非常之失然後見是故選諸有兵之長吏宜踔躒豪厚越取幽奇材明權變任將師者不可茍惟基序或阿親戚便典官兵此所謂

以其國與敵者也

救邊第二十二

聖王之政普覆兼愛不私近密不忽踈遠吉凶禍福與民共之哀樂之情恕以及人視民如赤子救禍如引手爛是以四海歡悅俱相得用往者羌虜背叛始自涼并延及司隸東禍趙魏西鈔蜀漢五州殘破六郡削迹周迴千里野無孑遺寇鈔禍害晝夜不止百姓滅没日月焦盡而内郡之士不被殃者咸云當且放縱以待天時

用意若此豈人心也哉前羌始反公卿師尹咸欲捐棄涼州却保三輔朝不聽後羌遂侵而論者多恨不從惑議余竊笑之所謂媾亦悔不媾亦有悔者爾未始識變之理地無邊無邊亡國是故失涼州則三輔為邊三輔内入則弘農為邊弘農内入則洛陽為邊推此以相況雖盡東海猶有邊也今不屬武以誅虜選材以全境而云邊不可守欲先自割便寇敵不亦惑乎昔樂毅以慱慱之小燕破滅彊齊威震天下真可謂良將矣然即墨

大夫以孤城獨守六年不下竟完其民田單師窮卒五千騎擊走却復齊七十餘城可謂善用兵矣圍聊莒連年終不能拔此皆以至彊攻至弱以上智圖下愚而猶不能克者何也曰攻常不足而守恒有餘也前日諸郡皆據列城而擁大衆羌虜之智非乃樂毅田單也郡縣之阨非若聊莒即墨也然皆不肯専心堅守而反彊驅刦其民捐棄倉庫背城邑走由此觀之非苦城之糧也但苦將不食爾折衝安民要在任賢不在促境齊魏却

守國不以安子嬰自削秦不以在武皇帝攘夷拓境面數千里東開洛浪西置燉煌南踰交阯北築朔方卒定南越誅斬大宛武軍所嚮無不夷滅今虜近發封畿之內而不能擒亦自痛爾非有邊之過也唇亡齒寒體傷心痛必然之事又何疑焉君子見機況已著乎乃者邊害震如雷霆赫如日月而談者皆諱之日蔽并竊盜淺淺善靖俾君子怠欲令朝廷以寇為小而不蚤憂害乃至此尚不欲救曰痛不著身言忍之錢不出家言與之

使使公卿子弟有被羌禍朝夕切急如邊民者則競言
當誅羌矣今苟以己無慘怛冤痛端相仍又不明修禦
之備陶陶閒澹卧委天聽羌獨往來深入多殺已乃陸
陸相將詣闕諧辭禮謝退云狀會坐朝堂則無憂國哀
民懇惻之誠苟轉相顧望莫肯違止日晏時移議無所
定已且須後少得小安則恬然棄忘旬時之閒虜復為
害軍書交馳羽檄狎至乃復怔忪如前若此以來出入
九載庶曰式臧覆出為惡佪佪潰潰當何終極春秋譏

鄭棄其師況棄人乎一人吁嗟王道為虧況百萬之衆號哭泣感天心乎且夫國以民為基貴以賤為本是以聖王養民愛之如子憂之如家危者安之亡者存之救其災患除其禍亂是故鬼方之伐非好武也玁狁于襄非貪土也以振民育德安疆守也古者天子守在四夷自彼氐羌莫不來享普天思服行葦賴德況近我民蒙禍若此可無救乎凡民之所以奉事上者懷義恩也痛則無耻禍則不仁忿戾怨懟生於無耻今羌叛久矣傷

害多矣百姓急矣憂禍深矣上下相從未見休時不一命大將以掃醜虜而州稍稍興役連連不已若排據障風探沙灘河無所能禦徒自盡爾今數州屯兵十餘萬人皆廩食縣官歲數百萬斛又有月直但此人耗不可勝供而反憚出之費甚非計也是夫危者易傾疑者易化今虜新擅邊地未敢自安易震蕩也百姓新離舊懷思慕未衰易將厲也誠宜因此遣大將誅討迫脅離逖破壞之如寬假日月蓄積富貴各懷安固之後則難動

矣周書曰凡彼聖人必趨時是故戰守之策不可不早
定也

邊議第二十三

明於禍福之實者不可以虛論惑也察於治亂之情者
不可以華飾移也是故不疑之事聖人不謀浮游之說
聖人不聽何者計不背見實而更爭言也是以明君先
盡人情不獨委夫良將備已之備無恃于人故能攻必
勝敵而守必自全也羌始反時計謀未善黨與未成人

衆未合兵罷未備或持竹木枝或空手相附草食散亂
未有都督甚易破也然太守令長皆奴怯畏愞不敢擊
故令虜遂乗勝上疆破州滅郡日長炎炎滅破三輔覃
及鬼方若此已積十歲矣百姓被害迄今不止而癡兒
騃子尚云不當救助且待天時用意若此豈人也哉夫
仁者恕已以及人智者講功而處事今公卿內不傷士
民滅沒之痛外不慮久兵之禍各懷一切所脱避前苟
云不當動兵而不復知引帝王之綱維原禍變之所終

也易制禦寇詩美薄伐自古有戰非乃今也傳曰天生五材民並用之廢一不可誰能去兵兵所以威不軌而昭文德也聖人所以興亂人所以廢齊桓晉文宋襄衰世諸侯猶恥天下有相滅而已不能救況皇天所命四海主乎晉楚大夫小國之臣猶恥已之身而有相侵況天子三公典世任者乎公劉仁德廣被行葦況含血之人已同類乎一人吁嗟王道為虧況滅沒之民百萬乎書曰天子作民父母父母之於子也豈可坐觀其為寇

賊之所屠剝立視其為狗彘之所噉食乎除其仁恩且以計利言之國以民為基貴以賤為本願察開闢以來民危而國安者誰也上貧而下富者誰也故曰夫君國將民之以民實瘠而君安得肥夫以小民受天永命竊願聖主深維國基之傷病遠慮禍福之所生且夫物有盛衰時有推移事有激會人有變化智者揆象不亦宜乎孟明補闕於河西范蠡收責於故胥是以大功建於當世而令名傳於無窮也今邊陲擾攘日放族禍百姓

晝夜望朝廷救已而公卿以為費煩不可徒竊笑之是以晏子輕今倉之蓄而惜一杯之鑽可異今但知愛見薄之賤穀而不知末見之待民先也知徭役出難動而不知中國之待邊寧也詩痛或不知呌號或慘慘劬勞令公卿苟以已不被傷故競割國家之地以與敵殺主上之民以餧羌為謀若此未可謂知為臣若此未可謂忠才智未足使議且凡四海之内者聖人之所以遺子孫也官位職事者羣臣之所以寄其身也傳子孫者思

安萬世寄其身者各取一閡故常其言不久行其業不可久厭夫此誠明君之所徼察也而聖主之所獨斷今言不欲動民與煩可也即然當修守禦之備必令之計令虜不敢來無所得令民不患寇既無所失今則不然苟憚民力之煩勞而輕使受滅亡之大禍非人之主非民之將非主之佐非勝之主者也且夫議者明之所見也辭者心之所表也維其有之是以似之諺曰何以服恨莫若聽之今諸言邊可不救而安者宜誠以其身若

子弟補邊太守令長丞尉然後是非之情乃定捄邊乃
無患邊無患中國乃得安寧

## 實邊第二十四

夫制國者必照察遠近之情偽預禍福之所從來乃能
盡羣臣之筋力而保興其邦家前羌始叛草創新起罷
械未備虜或持銅鏡以象兵或負板案以類楯惶懼擾
攘未能相持一城易制爾郡縣皆大熾及百姓暴被殃
禍亡失財貨人哀奮怒各欲報讎而將帥皆怯劣軟弱

不敢討擊但坐調文書以欺朝廷實殺百虜則言一殺虜一則言百或虜實多而謂之少或實少而謂之多傾側巧文要取便身利己而非獨憂國之大計哀民之死亡也又放散錢穀殫盡府庫乃復從民假貸彊奪財貨千萬之家削身無餘萬民遺竭因隨以死亡者皆吏所餓殺也其為酷痛甚於逢虜寇鈔賊虜忽然而過未必死傷至使所搜索剽奪游踵塗地或覆宗滅族絶無種類或孫婦女為人奴婢遠見販賣至今不能自治者不

可勝數也此之感所同也民之於徙甚于伏法伏法慕

墳墓賢不肖之所同也民之於徙甚於伏法伏法不過

家一人死爾諸亡失財貨奪土遠移不習風俗不便水

土類多滅門少能還者代馬望北狐死首丘邊民謹頓

尤惡內留雖知禍大猶願守其緒業死其本處誠不欲

去之極太守令長畏惡軍事皆以素非此土之人痛不

著身禍不及我家故爭郡縣以內遷至遣吏兵發民禾

稼發徹屋室夷其營壁破其生業強劫驅掠與其內人

捐棄羸弱使死其處當此之時萬民怨痛泣血叫號誠愁鬼神而感天心然小民謹劣不能自達闕庭依官吏家迫將威嚴不敢有摯民既奪土失業又遭蝗旱饑遺逐道東走流離分散幽冀兗豫荆揚蜀漢饑餓死亡復失大半邊地遂地兵荒至今無人原禍所起皆吏過爾夫土地者民之本也誠不可久荒以開墾且扁鵲之治病也審閉結而通鬱虛者補之實者瀉之故病愈而名顯伊尹之佐湯也設輕重而通有無損積餘以補不足

故殷治而君尊賈誼痛于偏枯躄痱之疾今邊郡千里
地各有兩縣户財置數百而太守周迴萬里空無人民
美田棄而復墾發中州内郡規地拓境不能生邊而口
户百萬田畝一全人衆地荒無所容足此亦偏枯躄痱
之類也周書曰土多人少莫出其材是謂虛土可襲伐
也土少人衆民非其民可遺竭也是故土地人民必相
稱也今邊郡多害而役劇動入禍門不爲興利除害有
以勸之則長無與復之而門有寇戎之心西羌北虜必

生闕欲誠大憂也百工制器咸填其邊散之兼倍豈有私哉乃所以固其內爾先聖制法亦務實邊蓋以安中國也譬猶家人遇寇賊者必使老小羸軟居其中央丁強武猛衛其外內人奉其養外人禦其難蛩蛩距虛更相恃仰乃俱安存詔書法令二十萬口邊郡十萬歲舉孝廉一人員除世舉廉吏一人羌反以來戶口減少又數易太守至十歲不得舉當職勤勞而不錄賢俊蓄積而不悉衣冠無所覬望農夫無所貪利是以逐稼中災

莫肯就外古之外其民誘之以利弗脅以刑易曰先王以省方觀民設教是故建武初得邊郡户雖數百令歲舉孝廉以召來人令詔宜權時令邊郡舉孝廉一人廉吏世舉一又益置明經百石一人内郡人將妻子來召著五歲以上與居民同均皆得選舉又募運民耕邊入穀遠郡千斛近郡二千斛拜爵五大夫可不欲爵者使食倍賈于内郡如此君子小人各有所利則雖欲令無往弗能止也均此苦樂平徭役充邊境安中國之要術

也

潛夫論卷五

# 欽定四庫全書

潛夫論卷六

漢 王符 撰

## 卜列第二十五

天地開闢有神民民神異業精氣通行有招召命有遭隨吉凶之期天難諶斯聖賢雖察不自專立立卜筮以質神靈孔子稱蓍之德圓而神卦之德方以智又曰君子將有行也問焉而以言其受命如嚮是以禹之得臯

陶文王之取呂尚皆兆告其象卜底其思以成其吉夫君子聞善則勸樂而進聞惡則循省而改尤故安靜而多福小人聞善即懾懼而妄為故狂躁而多禍是故凡卜筮者蓋所問吉凶之情言興衰之期令人修身慎行也迎福也且聖王之立卜筮也不違民以為吉不專任以斷事故洪範之占大同是尚書又曰假爾元龜罔敢知吉詩云我龜既厭不我告猶從此觀之蓍龜之情儻有隨時儉易不以誠邪將世無史蘇之才識神者少乎

及周史之筮敬仲莊叔之筮穆子可謂能探賾索隱鈎
深致遠者矣使獻公早納史蘇之言穆子宿備莊叔之
戒則驪姬豎牛之讒亦將無由而入無破國危身之禍
也聖人甚重卜筮然不疑之事亦不問也甚敬祭祀非
禮之祀亦不為也故曰聖人不煩卜筮敬鬼神而遠之
夫鬼神與人殊氣異務非有事故何柰于我故孔子善
楚昭王之不祀河而惡季氏之旅泰山今俗人筴于卜
筮而祭非其鬼豈不惑哉亦有妄博姓于五音設五宅

之符第其為誣也甚矣古有陰陽然後有五行五帝右據行氣以生人民載世遠乃有姓名敬民名字者葢所以别衆猥而顯此人爾非以絶五音而定剛柔也今俗人不能推紀本祖而反欲以聲音言語定五行誤莫甚焉夫魚處水而生鳥據巢而卵即不推其本祖諧音而可即呼鳥為魚可内之水乎呼魚為鳥可棲之木邪此不然之事也命駒曰犢終不為馬是故凡姓之有音也必隨其本生祖所土也太皡木精承歲而王夫其子孫

咸當為角神農火精承熒惑而王夫其子孫咸當為徵黄帝土精承鎮而王夫其子孫咸當為宫少皞金精承太白而王夫其子孫咸當為商顓頊水精承辰而王夫其子孫咸當為羽雖號百變音行不易俗工又曰商家之宅宜西出門此復虚矣五行當出乘其勝入居其隩乃安吉商家向東入東入反以為金伐木則家中精神日戰鬭也五行皆然又曰宅有宫商之符直符之歲既然者放其上增損門數即可以變其音而過其符邪今

一宅也同姓相伐或吉或凶一官也同姓相伐或遷或免一官也成康居之日以興幽厲居之日以衰由此觀之吉凶興衰不在宅明矣及諸神祇太歲豐陰鈎陳太陰將軍之屬此乃天吏非細民所當事也天之有此神也皆所以奉成陰陽而利物也若人治之有牧守令長矣向之何怒背之何怨君民道近不宜相責況神致貴與人異禮豈可望乎且欲使人而避鬼是即道路不可行而室廬不復居也此謂賢人君子秉心方直精神堅

固者也至如世俗小人醜妾婢婦淺陋愚戇漸染既成又數揚精破膽令不順精誠所向而強之以其所畏直亦增病耳何以明其然也夫人之所以為人者非以此八尺之身也乃以其有精神也人有恐怖死者非病之所加也非人功之所辜也然而至於遂不損者精誠去之也蓋奔押猛虎而不遑嬰人畏蟻螻而發聞令通士或欲強羸病之愚人必之其所不能吾又恐其未盡善也移風易俗之本乃在開其心而致其精令民生不見

正道而長于邪淫狂惑之中其信之也難卒解也唯王者能變之

正列第二十六

凡人吉凶以人為主以命為決行者己之質也命者天之制也在于己者固可為也在于天者不可知也巫覡祝請亦其助也然非德不行巫史作祈者蓋所以交鬼神而救細微耳至于大命末如之何譬民人之請謁于吏矣可以解微過不能脱正罪設有人于此晝夜慢侮

君父之教干犯先王之禁不克己心思改過遷善而苟驟發請禱以求解免必不幾矣若不修己小心畏慎無犯上之必令也故孔子不聽子路而云丘之禱久矣孝經云夫然故生則親安之祭則鬼享之由此觀之德義無違神乃享鬼神受享福祚乃隆故詩云降福穰穰降福簡簡威儀板板既醉既飽福祿來反此言人德義茂美神歆醉飽乃反報之以福也虢祭神而亟亡趙嬰祭天而速滅此蓋所謂神不歆其祀民不即其事也故魯史

書曰國將興聽于民將亡聽于神楚昭王不禳雲宋景不移咎子産距禆竈鄭文公違卜史此皆審已知道身以俟命者也晏平仲有言祝有益也詛亦有損也季梁之諫隋侯宫之奇説虞公可謂明乎天人之道達乎神民之分矣夫妖不勝德邪不伐正天之經也雖時有違然智者守其正道而不近于淫鬼所謂淫鬼者閑邪精物非有守司眞神靈也鬼之有此猶人之有姦言賣平以干求者也若或誘之則遠來不止而終必有咎鬼神

亦然故史繻曰人之所忌其氣炎以取之人無釁焉妖不自作是謂人不可多忌多忌妄畏實致妖祥且人有爵位鬼神有尊卑天地山川社稷五祀百辟卿士有功于民者天子諸侯所命祀也若乃巫覡之謂獨語小人之所望畏士公飛尸咎魅北君銜聚當路直符七神及民間繕治微蔑小禁本非天王所當憚也舊時京師不防動功造禁以來吉祥應瑞子孫昌熾不能過前且夫以君畏臣以上需下則必示弱而取陵殆非致福之招

也嘗觀上記人君身修正賞罰明者國治而民安民安樂者天悦喜而增歷數故書曰王以小民受天永命孔子曰天之所助者順也人之所助者信也履信思乎順又以尚賢是以自天祐之吉無不利此最却凶災而致福善之本也

相列第二十七

詩所謂天生烝民有物有則是故人身體形貌皆有象類骨法角肉各有分部以著性命之期顯貴賤之表一

人之身而五行八卦之氣具焉故師曠曰赤色不壽火家性易滅也易之說卦巽為人多白眼相揚四白者兵死此猶金伐木也經曰近取諸身遠取諸物聖人有見天下之至賾而擬諸形容象其物宜此亦賢人之所察紀往以知來而著為憲則也人之相法或在面部或在手足或在行步或在聲響面部欲溥平潤澤手足欲深細明直行步欲安穩覆載音聲欲溫和中宮頭面手足身形骨節皆欲相副稱此其略要也夫骨法為祿相表

氣色為吉凶候部位為年時德行為三者括天授性命決然表有顯徵色有濃淡行有薄厚命有去就是以吉凶期會禄位成敗有不必非聰明慧智用心精密孰能以中昔内史叔服過魯公叔敖聞其能相人也而見其二子焉叔服曰穀也食子難也收子穀也豐下必有後於魯及稷伯之老也文伯居養其死也惠伯典哭魯竟立獻子以續孟氏之後及王孫説相喬如子上譏商臣子文憂越椒叔姬惡食我單襄公察晉厲子貢觀邾魯

臧文聽禦說陳咸見張儀賢人達士察以善心無不中矣及唐舉之相李兌蔡澤許負之相鄧通條侯雖司命班祿追叙行事弗能過也雖然人之有骨法也猶萬物之有種類材木之有常宜巧象因象各有所授曲者宜為輿檀宜作輻榆宜作轂此其正法通率也若有其質而工不材可如何故凡相者能期其所極不能使之必至十種之也膏壤雖肥弗耕不穫千里之馬骨法雖具弗策不致春觚而弗琢不成於器士而弗仕不成於位

若此者天地所不能貴賤鬼神所不能貧富也或王公孫子仕宦終老不至於穀或庶隸厮賤無故騰躍窮極爵位此受天性命當必然者也詩稱天難忱斯性命之質德行之招叅錯授不易者也然其大要骨法為主氣色為候五色之見王惟有智者見祥脩善迎之其有憂色循行改尤愚者反戾不自省思雖休徵見相福轉為災於戲君子可不敬哉

潛夫論卷六

欽定四庫全書

潛夫論卷七

漢 王符 撰

夢列第二十八

凡夢有直有象有精有想有人有感有時有反有病有性在昔武王邑姜方震太叔夢帝謂已命爾子虞而與之唐及生手掌曰虞因以為名成王滅唐遂以封之此謂直應之夢也詩云惟熊惟羆男子之祥惟虺惟蛇女

子之祥衆惟魚矣實惟豐年旐惟旟矣室家蓁蓁此謂象之夢也孔子生於亂世日思周公之德夜即夢之此謂意精之夢也人有所思即夢其到有憂即夢其事此謂記想之夢也今事貴人夢之即為祥賤人夢之則為妖君子夢之即為榮小人夢之則為辱此謂人位之夢也晉文公於城濮之戰夢楚子伏己而盬其腦是大惡也及戰乃大勝此謂極反之夢陰雨之夢使人厭迷陽旱之夢使人亂離大寒之夢使人怨悲大風之夢使人

飄飛此謂應時之夢也陰病夢寒陽病夢熱內病夢亂外病夢發百病之夢或散或集此謂氣之夢也人之情心好惡不同或以此吉或以此凶當各自察常古所從此謂性情之夢也故先有差武者謂之精晝有所思夜夢其事乍吉乍凶善惡不信者謂之想貴賤賢愚男女長少謂之人風雨寒暑謂之感五行王相謂之時陰極即吉陽極即凶謂之反觀其所疾察其所夢謂之病心精好惡於事驗謂之性凡此十者占夢之大路也而決

凶者之類以多反其故哉豈人覺為陽人寐為陰陰陽之務相反故邪此亦謂其不甚者爾借如使夢吉事而已意大喜樂發於心精則真吉矣夢凶事而已意大恐懼憂悲發於心精即真惡矣所謂秋冬夢死傷也吉者順時也雖為財為大害爾由弗若勿夢也凡察夢之大體清潔鮮好貌堅健竹木茂美宮室器械新成方正開通光明温和升上向興之象皆為吉喜謀從事成諸臭汙腐爛枯槁絶霧傾倚徵邪劓刖不安閉塞幽昧解落

恇怯疑畏恍惚迷眩杌隉顛蹪不能退不能遂從高忽墜下向衰之象也為計謀不從舉事不成妖孽怪異可憎可惡之事皆為憂圖畫卵胎刻鏤非真瓦器虛空皆為見欺紿倡優俳儛侯小兒所戲弄之象皆為歡笑此其大部也夢或甚顯而無占或甚微而有應何也曰本所謂之夢者困不了察之稱而懵憒冒名也故亦不專信以斷事人對計事起而行之尚有不從況於忘忽雜夢亦可必乎唯其時有精誠之所感薄神靈之有告者

乃有占爾是故君子之異夢非妄而已也必有事故焉小人之異夢非榮而已也時有禎祥焉是以武丁夢獲聖而得傅說二世夢白虎而得封夫奇異之夢多有故而少無為者矣今一寢之夢或屢遷化百物代至而其主不能究道之故占者有不中也此非占之罪也乃夢者過也或言夢審矣而說者不能連類傳觀故其惡有不驗也此非書之罔乃說之過也是故占夢之難者讀其書為難也夫占夢必謹其變故審其徵候内考情意

外考王相即吉凶之符善惡之効庶可見也且凡人道見瑞而修德者福必成見瑞而縱恣者福轉為禍見妖而驕侮者禍必成見妖而戒懼者禍轉為福是故大姒有吉夢文王不敢康告祀于羣神然後占于明堂並拜吉夢修發戒懼聞喜若憂故能成吉以有天下虢公夢見蓐收賜之土田自以為有吉因史嚚令國賀夢聞憂而喜故能成凶以滅其封易曰使知懼又明於憂患與故凡有異夢感心以及人之吉凶相之氣色無問善惡

常恐懼修省以德迎之乃其逢吉天禄永終

釋難第二十九

庚子問於潛夫曰堯舜道德不可兩美實若韓子戈伐之說耶潛夫曰是不知難而不知類今夫伐者盾也厥性利戈者矛也厥性害是伐為賊伐為禁也其不俱盛固其術也夫堯舜之相於人也非戈與伐也其道同仁不相害也舜伐何如弗得俱堅堯伐何如不得俱賢哉且夫堯舜之相譬猶偶燭之施明于幽室也前燭即盡

照之矣後燭入而益明此非前燭昧而後燭彰也乃二者相因而成大光二聖相德而致太平之功也是故大鵬之動非一羽之輕也騏驥之速非一足之力也衆良相德而積施乎無極也堯舜兩美蓋其則也伯叔曰吾子過矣韓非之取矛盾以喻者將假其不可兩立以詰堯舜之不得並之勢而論其本性之仁與賊不亦失是譬喻之意乎潛夫曰夫譬喻也者生於直告之不明故假物之然否以彰之物之有然否也非以其文也必以

其真也今子舉其實文之性以喻而欲使鄙也釋其文
鄙也惑焉且吾聞問陰對陽謂之彊說論西詰東謂之
彊難子若欲自必以則昨反思然後求無茍自彊庚子
曰周公知管蔡之惡以相武庚使肆厥毒從而誅之何
不仁也若其不知何不聖也二者之過必處一焉潛夫
曰書二子挾庚子父以叛然未知其類之與抑抑相反
且天知桀惡而帝之夏又知紂惡而王之殷使虐二國
殘賊下民多縱厥毒滅其身亦可謂不仁不知乎庚子曰

不然夫桀紂者無親於天故天任而弗憂誅之而弗哀
令管蔡之與周公也有兄弟之親有骨肉之恩不量能
而使之不堪命而任之故曰異於桀之與天也潛夫曰
皇天無親帝王繼體之君父事天王者為子故父事天
也率土之民莫非王臣也將而必誅王法公也無偏無
頗親踈同也大義滅親尊王之義也立弊之天為周公
之德因斯也過此而往者未之或知秦子問於潛夫曰
耕種生之本也學問業之末也老聃有言大丈夫處其

實不居其華而孔子曰耕也餒在其中學也禄在其中
敦問令使舉世之人釋耨耒而程相羣於學何如潛夫
曰善哉問君子勞心小人勞力故孔子所稱謂君子爾
今以目所見耕食之本也以心原道即學又耕之本也
易曰立天之道曰陰與陽立地之道曰柔與剛立人之
道曰仁與義天反德者為災潛夫曰嗚呼而未此察乎
吾語子夫君子也者其賢宜君國而德宜子民也宜處
此位者唯仁義人故有仁義者謂之君子昔荀御有言

夫仁也者愛人愛人故不忍危也義也者聚人聚人故
不忍亂也是故君子夙夜箴規蹇蹇匪懈者憂君之危
亡哀君之亂離也故賢人君子推其仁義之心愛之君
猶父母也愛居世之民猶子弟也父母將臨顛隕之患
子弟將有陷溺之禍者豈能墨乎哉是以仁者必有勇
而德人必有義也且夫一國盡亂無有安身詩云莫肯
念亂誰無父母言將皆為害然有親者憂將深也是故
賢人君子既憂民亦為身作夫盎滿於上沾溥在下棟

折榱崩懼有厭患故大屋移傾則下之人不待告令各爭其柱之仁者兼護人家者且自為也易曰王明並受其福是以次室倚立而嘆（嘆）嘯楚女揭幡而激王仁惠之恩忠愛之情固能已乎

潛夫論卷七

欽定四庫全書

# 潛夫論卷八

漢　王符　撰

## 交際第三十

語曰人惟舊器惟新昆弟世疎朋友世親此交際之理人之情也今則不然多思遠而忘近背故而向新或歷載而益疎或中路而相捐悟先聖之典戒負久要之誓言斯何故哉退而省之亦可知也勢有常趣理有固然

富貴則人爭附之此勢之常趣也貧賤則爭去之此理之固然也夫與富貴交者大有賑貸之費下有貨財之益與貧賤交者大有賑貸之費小有假借之損今使官人雖兼桀跖之惡苟結駟而過士士猶以榮而歸焉況其實有益者乎使處子雖苞顏閔之賢苟被褐而造門人猶以為辱而恐其復來況其實有損者乎故富貴易得宜貧賤難其適好服謂之奢僭惡衣謂之困阨徐行謂之饑餒疾行謂之逃責不俟謂之倨慢數來謂之求

食空造以為無意奉贄以為欲貸恭謙以為不肖抗揚以為不得此處子之羈薄貧賤之苦酷也夫處卑下之位懷北門之殷憂內見謫于妻子外蒙譏于士夫嘉會不從禮餞御不逮衆貨財不足以合好力勢不足以扶急歡忻久交情好曠而不接則人無故自廢疎矣漸疎則賤者逾自嫌而日引貴人逾務黨而忘之夫以逾疎之賤伏于下流而望日忘之貴此谷風所為內摧傷而介推所以染深山也夫交利相親交害相疎是故長救

誓而廢心無用者也交漸而親必有益者也俗人之相與也有利生親積親生愛積愛生是積是生賢情苟賢之則不自覺心之親之口之譽之也無利生疎積疎生憎積憎生非積非生惡情苟惡之則不自覺心之外之口之毀之也是故富貴雖新其勢日親貧賤雖舊其勢日除此處子所以不能與官人競也世主不察朋友之所生而苟信貴臣之言此潔士所以獨隱翳而姦雄所以黨能臣也昔魏其之客流於武安長平之吏移于冠

軍廉頗翟公載盈載虛夫以四君之賢藉舊貴之夙恩
客猶若此則又況乎生貧賤者哉唯有古烈之風志義
之士為不然爾恩有所結終身無解心有所矜賤而益
篤詩云淑人君子其儀一兮心如結兮故歲寒然後知
松柏之後凋也隘然後知其人之篤固也侯嬴豫讓出
身以報恩鱄諸荊軻奮命以效用故死可為也處之難
爾龐勛㝅貂一旦見收亦立為義報況奮舊乎故鄒陽
稱之曰桀之狗可使吠堯跖之客可使刺由豈虛言哉

俗士短淺急于日前見赴有益則先至顧無用則後輩是以欲速之徒競推上而不暇接下爭逐前而不遑卹後是故韓安國能遺田蚡五百金而不能賑一窮翟方進稱淳于長而不能薦一士夫安國方進前世之忠良也而猶若此則又況乎末塗之下相哉此奸雄所以逐黨進而處子所以愈擁蔽也非明聖之君孰能照察且夫怨惡之生若二人偶焉苟相對也恩情相向推極其意精誠相射貫心達髓愛樂之隆輕相為死是故侯生

豫子刎頸而不恨苟相背也心情乖戾推極其意分背奔馳窮東極西心尚未決是故陳餘張耳老相全滅而無感痛從此觀之交際之理其情大矣非獨朋友為然君臣夫婦亦猶是也當其歡也父子不能間及其乖也怨讐不能先是故聖人常慎微以敦其終富貴未必可重貧賤未必可輕人心不同好度量相萬億許由讓其帝位俗人有爭縣職孟軻辭祿萬鍾小夫貪于升食故曰鶉鷃羣游終日不休亂舉聚跱不離蒿莿鴻鵠高飛

雙別再離通千達萬志在陂池鸞鳳翱翔黄歷之上徘徊太清之中隨景風而飄飖時抑揚以從容意猶未得喈喈然長鳴蹷號振翼陵朱雲薄升極呼吸陽露曠旬不食其意尚猶嘵嘵如也三者殊務各安所為是以伯夷採薇而不恨巢父木棲而自願由斯觀諸士之志量固難測度凡百君子未可以富貴驕貧賤謂貧賤之必我屈也詩云德輶如毛民鮮克舉之世有大勇者四而人莫之能行也一曰恕二曰平三曰恭四曰守夫恕者

仁之本也平者義之本也恭者禮之本也守者信之本
也四者並立四行乃具四行具存是謂真賢四本不立
四行不成四行無一是謂小人所謂恕者君子之人論
彼恕于我動作友聲故人君不開精誠以示賢忠賢忠
亦無以得達易曰王明並受其福是以忠臣必待明君
乃能顯其節良吏必得察主乃能成其功君不明則大
臣隱下不過忠又羣司舍法而阿貴夫忠言所以為安
也不貢必危法禁所以為治也不奉必亂忠之與貢不

賞法之奉與不奉其柄皆在於君非臣下之所能為也是故聖人求之于己不以責下凡為人上法術明而賞罰必者雖無言語而勢自治治賈一倍以相高苟能富貴雖積狡惡爭稱譽之終不見非苟處貧賤恭謹祇為不肖終不見是此俗化之所以浸敗而禮義之所以消衰也世有可患者三三者何曰情實薄而辭稱厚念實忽而文想憂懷不來而外克期不信則懼失賢信之則詿誤人此俗士可厭之甚者也是故孔子疾夫言之過

其行者詩傷蛇蛇碩言出自口矣巧言如簧顏之厚矣今世俗之交也未相照察而求深固探懷扼腕拊心祝詛苟欲相護論議而已分背之日既得之後則相棄忘或受人恩德先以濟度不能拔舉則因毀之為生瑕釁明言我不遺力無奈自不可爾詩云知我如此不如無生先合而後忤有初而無終不若本無生意強自誓也君子屢盟亂是用長大人之道周而不比微言相感掩若同符又焉用盟孔子恂恂似不能言者又稱誾誾言

唯謹也士貴有辭亦憎多口故曰文質彬彬然後君子
與其不忠剛毅木訥尚近于仁嗚呼哀哉凡今之人言
方行圓口正心邪行與言謬心與口違論古則知稱夷
齊原顔言今則必官爵職虛談則知以德義為賢薦士
則必閥閲為前處子雖躬顔閔之行性勞謙之質秉伊
呂之才懷救民之道其不見資于斯世也亦已明矣

明忠第三十一

人君之稱莫大於明人臣之譽莫美於忠此二德者古

來君臣所共願也然明不繼踵忠不萬全者非必愚闇不逮而惡名揚也所道求之非其道之爾夫明據下起忠依上成二人同心則利斷金能如此者兩譽俱具要在于明操法術自握權柄而已矣所謂術者使下不得欺也所謂權者使勢不得亂也術誠明則雖萬里之外幽冥之内不得不求效權誠明則遠近親踈貴賤賢愚無不歸心矣周室之末則不然離其術而舍其術怠于已而恃于人是以公卿不思忠百僚不盡力君王終蔽

于上兆黎宄亂于下故遂衰微侵奪而不振也夫帝王者其利重矣其威大矣徒懸重利足以勸善徒設嚴威可以懲奸乃張重利以誘民操大威以驅之則舉世之人可令冒白刃而不恨赴湯火而不難豈云但率之以共治而不宜哉若鷹也然獵夫御之猶使終日奮擊而不敢怠豈有人臣而不可使盡力者乎詩云伐柯伐柯其則不遠夫神明之術其在君身而忽之故令臣鉗口結舌而不敢言此耳目所以蔽塞聰明所以不得也制

下之權日陳君前而君釋之故令君臣懈弛而背朝此
威德所以不昭而功名所以不建也詩云我雖異事及
爾同僚我即爾謀聽我敖敖夫惻隱人皆有之是故耳
聞啼號之音無不為之慘悽悲懷而傷心者目見危殆
之事無不為之惻怛驚而赴救之者君臣義重行路禮
輕過耳悟目之交未恩未德非貧非貴而猶若此則又
況于此面稱臣被寵者乎是故進忠扶危者賢不肖之
所共願也誠皆願之而行違者常苦其道不利而有害

言未得言而身敗爾歷觀古來愛君憂主敢言之臣治勢一成君自不能亂也況臣下乎法術不明而賞罰不必者雖曰號令然勢自亂亂勢一成君自不能治也況臣下乎是故勢治者雖委之不亂勢亂者雖懃之不治也堯舜恭己無為而有餘勢治也胡亥王莽馳騖勢亂也故曰善者求之于勢弗責于人是以明王審法度而布教令不行私以欺法不黷教以辱命故臣下敬其言而奉其禁竭其心而稱其職此由法術明而威權任也

夫術之爲道也精微而神言之不足而行有餘故能兼四海而照幽冥權之爲勢也健悍以大不待貴賤操之者重重故能奪主威而順當也是以明君未嘗示人術而借下權也孔子曰可與權是故聖人顯諸仁藏諸用神而化之使民宜之然後致其治而成其功功業效于民美譽傳于世然後君乃得稱明臣乃得稱忠此所謂明據下作忠依上成二人同心其利斷金也

本訓第三十二

上古之世太素之時元氣窈冥未有形兆萬精合并混而為一莫制莫御若斯久之翻然自化清濁分别變成陰陽陰陽有體實生兩儀天地絪緼萬化化淳和氣生人以統理之是故天本諸陽地本諸陰人本中和三才異務相待而成各循其道和氣乃臻璣衡乃平天道曰施地道曰化人道曰為為者葢所謂感通陰陽而致珍異也人行之動天地譬猶天上御駟馬蓬中擢自照矣雖為所覆載然亦在我何所之可孔子曰時乘六龍以

御天言行君子所以動天地也可不愼乎從此觀之天呈其兆人序其勳書故曰天工人其代之如蓋理其政以和其氣以臻其功是故道德之用莫大于氣道理之根也氣所變也神氣之所動也當此之時正氣所加非唯于人百穀草木禽獸魚鱉皆口養其氣聲入于耳以感于心男女聽以施精神資和以兆眂民之貽含嘉以成體及其生也和以養性美在其中而暢于四肢實于血脈以心性志耳意目精欲無不貞廉絜懷履行者此

五帝三王所以能畫法像而民不違正已德而世自化也是故法令刑賞者乃所以治民事而致整理爾未足以興大化而升太平也夫欲歷三王之絶迹臻帝皇之極功者必先元元而本本興道而致和以淳粹之氣生敦厖之民明德義之表作信厚之心然後化可美而功可成也

德化第三十三

人君之治莫大于道莫盛于德莫美于教莫神于化道

者所以持之也德者所以苞之也教者所以知之也化者所以致之也民有性有情有化有俗情性者心也本也化俗者行也末也末生于本行起于心是以上君撫世先其本而後其末慎其心而理其行心精苟亡則姦慝所作邪意無所載矣夫化變民心也猶政變民體也德政加於民則多滌暢姣好堅彊考壽惡政加于民則多罷癃尪病夭昏札瘥故尚書美考終命而惡凶短折國有傷明之政則民多病因有者道之使也必有其根

其氣乃生必有其使變化乃成是故道之為物也至神以妙其為功也至彊以大天之以動地之以静日之以光月之以明四時五行鬼神明民億兆醜類變異吉凶何非氣然及其乖戾天之尊也氣裂地之大也氣動山之重也氣徙水之流也氣絶之日月神也氣蝕之星辰虛也氣隕之旦有晝晦宵有大風飛車拔樹僨雹為冰温泉成温麟龍鸞鳳蝥蠈螟蝗莫不氣之所為也以此觀之氣運感動亦誠大矣變化之為何物不能是故上

聖故不務治民事而務治民心故曰聽訟吾猶人也必
也使無訟乎導之以德齊之以禮務厚其情而明則務
義民親愛則無相害傷之意動思義則無姦邪之心夫
若此者非律之所使也非威刑之所強也此乃教化之
所致國有傷聰之政則民多病身有傷賢之政則賢多
橫夭夫形體骨幹為堅強也然猶隨政變易又況乎心
氣精微不可養哉詩云敦彼行葦牛羊勿踐履方苞方
體惟葉泥泥又曰鳶飛戾天魚躍于淵愷悌君子胡不

作人公劉厚德恩及草木羊牛六畜且猶感德消息于
心己之所無不以責下我之所有不以譏彼感己之好
敬也接士以禮感己之好愛也故遇人有恩己欲立而
立人己欲達而達人善人之憂我也故先勞人惡人之
忘我也故常念人凡品則不然論人不恕己動作不思
心無之己而責之人有之我而譏之彼己無禮而責人
敬己無恩而責人愛貧賤則非人初不我憂也富貴則
是我之不憂人也行己若此難以稱仁矣所謂平者内

懷尸鳩之恩外執砥礪之心論士必定于志行毀譽必參于效驗不隨俗而雷同不逐聲而寄論苟善所在不譏貧賤苟惡所錯不忌富貴不謟上而慢下不厭故而敬新凡品則不然内偏頗于妻子外僭惑于知友得則譽之怨則謗之平議無惇均譏譽無效驗苟阿貴以比黨苟剽聲以羣諛事富貴如奴僕視貧賤如傭客有至秉權之門而不一至無勢之家執心若此難以稱義所謂恭者内不敢傲于室家外不敢慢于士大夫見賤如

貴視少如長其禮先入其言後出恩意無不答禮敬無不報覯賢不居其上與人推讓事處其勞居從其德位安其卑養甘其薄凡品則不然內慢易于妻子外輕侮于知友聰明不別真偽心思不別善醜愚而喜傲賢少而好陵長恩意不相答禮敬不相報觀賢不相推會同不能讓動欲擇其佚居欲處其安養欲擅其厚位欲爭其尊見人謙讓因而嗤之見人恭敬因而傲之如是而自謂賢能智慧為行如此難以稱忠所謂午者心也有

度之士情意精專心思獨覩不驅于險墟之俗不惑于衆多之口聰明懸絶秉心塞淵獨立不懼遯世無悶心堅金石志輕四海故守其心而成其信凡品則不然内無持操外無準儀傾側險詖求同于心口無定論不恒其德二三其行秉操如此難以稱信夫是四者其輕如毛其重如山君子以爲易小人以爲難孔子曰仁遠乎哉我欲仁斯仁至矣又稱知德者少俗之偏黨自古而然非乃今也凡百君子競于驕僭貪樂慢敖如忠信未

達而為左右所拍按當世而覆被更為否愚惡狀之臣者豈可勝哉孝成終沒之日不知王章之直孝哀終沒之日不知王嘉之忠也此後賢雖有憂君哀主之情忠誠正直之節然猶且沈吟觀聽行己者也鳴鶴在陰其子和之相彼鳥矣猶求友聲不忍踐履生草則又況乎民萌而有不化者乎君子修其樂易之德上及飛鳥下及淵魚不歡忻悅豫則又況士度而不仁者乎聖深知之皆務正己以為表明禮義以為教和德氣于未生之

前正表義于咳笑之後民之胎也合中和以成其生也
立方正以長是以為仁義之心廉恥之志骨著木通與
體俱生而無麄穢之氣無邪淫之欲雖放之大荒之外
措之幽冥之內終無違禮之行投之危亡之地納之鋒
鍔之間終無苟全之心舉世之人行皆若此則又烏所
得亡夫姦亂之民而加辟哉上天之載無聲無臭儀刑
文王萬邦作孚此姬氏所以崇美于前而致刑措于後
聖人其尊德禮而卑刑罰故舜先勑契以敬敷五教而

後命皋陶以五刑三居是故凡立法者非以司民短而誅過誤乃以防姦惡而救禍敗撿淫邪而内正道爾詩云民之秉彝好是懿德政民有心也猶為種之有園也遭和氣則秀茂而成實遇水旱則枯槁而生孽民蒙善化則有士君子之心被惡政則人有懷姦亂之慮故善者之養天民也猶良工為麴豉也起居以其時寒溫得其適則一蔭之麴豉盡美而多量其愚拙工則一蔭之麴豉皆敗臭而棄捐今六合亦由一蔭也黔首之屬猶

豆麴也變化云為在將者爾遭良吏則皆懷忠信而履
仁厚遇惡吏則皆懷姦邪而行淺薄忠厚積則致太平
姦薄積則致危亡是以聖帝明王皆敦德化而薄威刑
德者所以修己也威者所以治人也上智則下愚之民
少而中庸之民多中民之生上世也猶鑠金之在爐也
從篤變化唯治所為方圓薄厚隨鎔制爾是故世之善
否俗之薄厚皆在于君上聖和氣以化民心正表儀以
率羣下故能使民比屋可封堯舜是也其次躬道德而

敦慈愛美教訓而崇禮讓故能使民無爭心而致刑錯
文武是也其次明好惡而顯法禁平賞罰而無阿私故
能使民辟姦邪而趨公正理弱亂以致治強中興是也
治天下身處汙而放情怠民事而急酒樂近頑童而遠
賢才親諂諛而疎正直重賦稅以賞無功妄加喜怒以
傷無辜故能亂其政以敗其民弊其身以喪其國者幽
厲是也孔子曰三人行必有我師焉擇其善者而從之
其不善者我則改之詩美宜鑒于殷自求多福是故世

主誠能使六合之内舉世之人咸懷方厚之情而無淺薄之惡各奉公正之心而無姦陬之慮則羲農之俗復見于兹麟龍鸞凰復畜于郊矣

## 五德志第三十四

自古在昔天地開闢三皇迭制各樹號謚以紀其世天命五代正朔三復神明感生愛興有國亡于嫚以滅于積惡神微精以天命罔極或皇馮依或繼體育太皞以來尚矣迪斯用來頗可紀錄雖一精思議而復誤故撰

古訓著五德志世傳三皇五帝多以為伏羲神農為三皇其一者或曰燧人或曰祝融或曰女媧其是與非未可知也我聞古有天皇地皇人皇以為或及此謂亦不敢明凡斯數其于五經皆無正文故畧依易繫記伏羲以來以遺後賢雖多未必獲正然罕可以浮游博觀共求厥真大人迹出雷澤華胥履之生伏羲其相日角世號太皞都于陳其德木以龍紀故為龍師名作八卦結繩為網以漁後嗣帝嚳代顓頊氏其相戴干其號高辛

厥質神靈德行祇肅迎逆日月順天之則能叙三辰以周民作樂六英世有才子八人伯奮仲堪叔獻季仲伯虎仲雄叔豹季貍忠肅恭懿宣慈惠和天下之人謂之八元後嗣姜嫄履大人迹生姬棄厥相披頤為堯司徒又主播種農植嘉穀堯遭水災萬民以濟故舜命曰后稷初烈山氏之有天下也其子曰柱能植百穀故立以為稷自夏以上祀之周之興也以棄代之至今祀之太姒夢長人感己生文王厥相四乳為西伯興于岐斷虞

芮之訟而始受命武王駢齒勝殷遏劉成周道姬之别封衆多管蔡郕霍魯衛毛聃郜雍曹滕畢原酆郇文之昭也邘晉應韓武之穆也凡蔣邢茅胙祭周公之胤也周召虢吳隨邠方卬自藩養滑鎬宫寮榮丹郭楊逢管唐韓楊觚欒甘鱗虞王民皆姬姓也有神龍首出常感姙姒生赤帝魁隗身號炎帝世號神農代伏羲氏其德火紀故為火師而火名是以斲木為耜揉木為耒耨曰中為市致天下之民聚天下之民交易而退各得其所

後嗣慶都興龍合婚生伊堯代高辛氏其眉八彩世號
唐作樂大章始禪位武王克殷而封其胄于鑄含始吞
赤珠尅曰玉英生漢龍感女媼劉季興大電繞樞炤野
感符寶生黃帝軒轅代炎帝氏其相龍顏其德土行以
雲紀故為雲師而雲名作樂咸池是始制衣裳後嗣握
登見大虹意感生重華虞舜其目重瞳事堯堯乃禪位
曰格爾舜天之歷數在爾躬允執厥中四海困窮天祿
永終乃受終于文祖也號有虞作樂九韶禪位于禹武

王克商而封胡公嬀滿于陳庸以元女太姬大星如虹
下流華渚女節萬接生白帝摯青陽世號少皞代黄帝
氏都于曲阜其德金行其立也鳳皇適至故紀于鳥鳳
氏歷正也玄鳥氏司分者也伯趙氏司至者也青鳥氏
司啟者也丹鳥氏司閉者也祝鳩氏司徒也雎鳩氏司
馬也尸鳩氏司空也爽鳩氏司寇也鶻鳩氏司事也五
鳩鳩民者也五雉為五工正利器用夷民者也是故作
書契百官以治萬民以察有才子四人曰重曰該曰修

曰熙實能金木及水故重為勾芒該為蓐收修及熙為玄冥恪恭厥業世不失職遂濟窮荒後嗣修紀見流星意感生白帝文命我禹其耳參漏為堯司空主平水土命山川畫九州制九貢成功賜玄珪以告勳于天舜乃禪位命如堯詔禹乃即位作樂大夏世號夏后傳嗣子啟啟子太康更立兄弟五人皆有昏德不堪帝事降須洛汭是謂五觀孫相嗣位夏道浸衰于是后羿自鉏遷于窮石因夏民以代夏政滅相后后緡方娠逃出自竇

奔于有仍生少康焉仍妃牧正羿恃已射也不修民事而淫于原獸棄武羅伯因熊髡龍圉而用寒浞浞栢明氏讒子弟也柏明氏惡而棄之夷羿收之信而使之以為已相浞行媚于內施賂于外愚弄于民虞羿于田樹之詐慝以取其國家外內咸服羿猶不悛將歸自田家衆殺而烹之以食其子子不忍食諸死于窮門靡奔于有鬲氏浞因羿室生澆及豷恃其讒慝詐偽而不德于民使澆用師滅斟灌及斟尋氏處豷于過處澆于戈使

椒求少康逃奔有虞為之庖正虞思妻以二妃而邑諸綸有田一成有衆一旅能布其德而兆其謀以收夏衆撫其官職靡自有鬲收二國之燼以滅浞而立少康焉乃使女艾誘澆使后杼誘豷遂伐過戈復禹之績祀夏配天不失舊物十有七世而桀亡天下武王克殷而封其後于杞或封于繒又封少皥之胄于祁澆才力益衆聚其勇武而卒以亡故南宮括曰羿善射奡盪舟俱不得其死也姒姓分氏夏后有扈有南斟尋洎浞卒褒費

戈宜繒皆禹後也摇光如月正日感女樞幽防之宫生赤帝顓頊其相駢幹身號高陽世號共工代少皡氏其德水行以水紀故為水師而水名承少皡衰九黎亂德及命重黎討訓服歷象日月東西南北作樂五英有才子八人蒼舒隤凱擣演大臨龍降庭堅仲容叔達齊聖廣淵明允篤誠天下之民謂之八凱共工氏有子曰勾龍能平九土故號后土死而為社天下祀之娀簡呑燕卵生子契為堯司徒職親五姓順五品扶都見白氣貫

月意感生黑帝子履其相二肘身號湯世號殷致太平
後世乃生武丁即位默以不言思道三年而夢獲賢人
以為師乃使以夢像求之四方側陋得傅説方以胥靡
築于傅巖升以為大公而使朝夕規諫恐其有憚怠也
則勑曰若金用汝作礪若濟巨川用汝作舟楫若時大
旱用汝作霖雨啟乃心沃朕心若藥不瞑眩厥疾不瘳
若跣不視地厥足用傷爾交修余無棄故能中興稱號
高宗及帝辛而亡天下謂之紂武王封微子于宋封箕

子于朝鮮子姓分氏殷時來宋功蕭空同北段皆湯後也

潛夫論卷八

# 欽定四庫全書

## 潛夫論卷九

漢 王符 撰

### 志氏姓第三十五

昔者帝王觀象於乾坤考度於神明探命歷之去就省羣后之德業而賜姓命氏因彰德功傳稱氏之徵官百王公之子弟千世能聽其官者而物賜之姓是謂百姓姓有徵品類於至謂之千品昔堯賜契姓姬賜禹姓姒

氏曰有夏伯夷為姜氏曰有吕下及三代官有世功則有官族邑亦如之後世徽末因是以為姓則不能改也故或傳本姓或氏號邑謚或氏於爵或氏於志若夫帝三王之世所謂號也文武昭景成宣戴桓所謂謚也齊魯吳楚秦晉燕趙所謂國也王氏侯氏王孫公孫所謂爵也司馬司徒中行下軍所謂官也伯有孟孫子服叔子所謂字也巫氏匠氏陶氏所謂事也東門西門南宫東郭北郭所謂居也三烏五鹿青牛白馬所謂志也

凡厥姓氏皆出屬而不可勝紀也
衛侯滅邢昭公娶同姓言皆同祖也近古以来則不必
然古之賜姓大諦可用其餘則難周室衰微吴楚僭號
下歷七國咸各稱王故王氏五孫氏公孫氏及王氏官
國自有之千八百國謚官萬數故元不可同也故孫氏
者或王孫之班也或諸孫之班也故同祖而異姓有同
姓而異祖亦有雜錯變而相入或從母姓或避怨讎夫
吹律定姓唯聖能之今民散久鮮克遠音律天主尊正

其祖故且略紀顯者以待士合揖揖焉伏羲姓風其後
封任宿須朐顓臾四國實司太皞與有濟之祀且為東
蒙主魯僖公母成風蓋須朐之女也季氏欲伐顓臾而
孔子譏之炎帝苗胄四嶽伯夷為堯典禮折民惟刑以
封申吕裔生尚為文王師克殷而封之齊或封許尚或
封於申城在南陽宛北序山之下故詩云亹亹申伯王
纘之事于邑于謝南國是式宛西三十里有吕望許在
頳川令許縣是也姜戎居伊洛之間晉惠公徙置陸渾

州薄甘戲露帖及齊之國氏高氏襄隰氏士氏彊氏東
郭氏雍門氏子雅氏子尾氏子襄氏子淵氏子乾氏公
旗氏翰公氏賀氏盧氏皆姜姓也
黄帝之子二十五人班爲十二姬酉祁己滕葴任拘釐
姞衣氏也當春秋晉有祁奚爲夏車正以封於薛後遷
於邳其嗣仲虺居薛爲湯左相王季之妃太任及謝章
昌采祝結泉畢過狂大氏皆任姓也台氏女爲后稷元
妃繁育周先姞氏封於燕及鄭文公有賤妾燕姞夢神

謂己與之蘭而語之曰余為伯鯈余而祖也以是為而子以蘭有國香人服媚之如是及寤而異其夢既而鄭文公見姞賜蘭而御之姞言其夢且曰妾不才幸而有子將不信敢徵蘭乎公曰諾遂生穆公姞氏之别有闞尹蔡光魯雍斷家須氏及漢河東有郅都汝南有郅君章姓音與古姞同而書其字異二人皆著名當世

少皞氏之世衰而九黎亂德顓頊受之乃命南正重司天以屬神命火正黎司地以屬民使復舊常無相浸瀆

是謂絕地天通夫黎顓頊氏裔子吴回也爲高辛氏火正淳耀天明地德光四海也故名祝融後三苗復九黎之德堯繼重黎之後不忘舊者羲伯復治之故重黎氏世序天地别其分主以歷三代而封於程其在周世爲宣王大司馬詩美王謂尹氏命程伯休父其後失守適晉爲司馬遷自謂其後祝融之孫分爲八姓已秃彭姜妘曹斯芊已姓之嗣飂叔安其裔子曰董父實甚好龍能求其嗜欲以飲食之龍多歸焉乃學擾龍以事帝舜

賜姓曰董氏曰豢龍封諸鬷川鬷夷彭姓豕韋皆能馴龍者也豢龍逢以忠諫桀殺之凡祝融氏之子孫已姓之班昆吾籍扈溫董秃姓鬷夷豢龍則夏滅之祖姓彭祖豕韋諸稽則商滅之姜姓會人則滅之妘姓之後封於鄶會路偪陽鄶取仲任為妻貪冒愛悋蔑賢簡能是用亡邦會在河伊之間其君驕貪嗇儉滅爵損祿羣臣畀讓上下不臨詩人憂之故作羔裘閔其痛悼也匪風冀君先教也會仲不悟董氏伐之上下不能相使禁罰

不行遂以見亡路子嬰見娶晉成公姊為夫人酆舒為政而虐之晉伯宗怒遂伐滅路荀罃武子伐滅偪陽曹姓封於邾隣顏子之支別為小邾皆楚滅之芊姓之裔熊嚴成王封之於楚是謂鬻熊又號鬻子生四人伯霜仲雪叔熊季紃紃嗣為刑子或封於夔或封於越夔子不祀祝融鬻熊楚伐滅公於有楚季氏列宗氏鬬強氏良臣氏耆氏門氏侯氏季融氏仲熊氏子季氏陽氏無鉤氏蔿氏善氏陽氏昭氏景氏嚴氏嬰齊氏来氏來纖

氏即氏申氏訶氏沈氏賀氏減氏吉白氏伍氏沈瀸氏
餘推氏公建氏子南氏子庚氏子午氏西氏王孫田公
氏舒堅氏魯陽氏黑肱氏皆芊姓也
楚季者王子敖之曾孫也蚠冒主蔿章者王子無鈞也
令尹孫叔敖者蔿章之子也左司馬戍者莊王之曾孫
也葉公諸梁者戍之第三弟也楚大夫申尤畏者又氏
文氏初紂有蘇氏以妲己女而亡周武王時有蘇子忿
生爲司寇而封温其後洛邑有蘇秦高陽氏之世有才子

八人蒼舒隤凱檮戭大臨龍降庭堅仲容叔達天下之人謂之八凱後嗣有皐陶事舜舜曰皐陶蠻夷猾夏寇賊姦宄女作士其子伯翳能議百姓以佐舜禹擾馴鳥獸舜賜姓嬴後有仲衍鳥體人元為夏帝大戊御嗣及費仲生惡来季勝武王伐紂并殺惡来季勝之後有造父以善御事周穆王穆王遊西海忘歸於是徐偃作亂造父御一日千里以征之王封造父於趙城因以為氏其後失守至於趙夙仕晉卿大夫十一世而為列侯五

世而為武靈王五世亡趙恭叔氏邯鄲氏訾辱氏嬰齊氏樓季氏盧氏原氏皆趙嬴姓也惡來後有非子以善畜周孝封之於秦世地理以為西陲大夫汧秦高是也其後列於諸侯五世而稱王六世而始皇生於邯鄲故曰趙政及梁葛姜黃徐莒蓼六英皆皇陶之後也鍾離運掩菟裘尋梁脩魚白冥飛廉密如東灌梁時白巴公巴延巴剡復蒲皆嬴姓也帝堯之後為陶唐氏後有劉累能畜龍孔甲賜姓為御龍以更豕韋之後至周為唐

杜氏周衰有隰叔子違周難于晉國生子輿為李以正于朝朝無閒官故士為士氏為司空以正於國國無敗績故氏司空食采隨故氏隨氏士蔿之孫會佐文襄于諸侯無惡於卿以輔成景軍無敗政為成卒居傅端刑法法集訓典國無姦民晉國之盜逃奔于秦於是晉侯為請冕服于王王命隨會為卿是以受范卒謚武子武子文成晉荆之盟降兄弟之國使無閒隙是以受郇櫟由此帝堯之後有陶唐氏劉氏御龍氏唐杜氏隰氏士

氏季氏司空氏趙氏范氏郇氏欒氏羸氏冀氏縠氏壽氏擾氏摽氏搏氏楚氏令尹建嘗問范武子之德于文子文子對曰夫子之家事治言於晉國竭情無私其祝史陳信不媿其家事無猜其祝史不祈建歸以告康王曰神人無怨宜夫子之股肱五君以為諸侯主也故劉氏自唐以下漢以上德著於世莫若范會之最盛也斯亦有修已以安人之功矣武王克殷而封帝堯之後於杜也

帝舜姓虞又為姚君嬀武王克殷而封嬀滿於陳是為胡公陳哀氏留氏咸氏慶氏夏氏宗氏来氏儀氏司徒氏司城氏皆嬀姓也厲公孺子完奔齊桓公說之以為工正其子孫大得民心遂奪君而自立是為威王五世而已齊人謂陳田矣漢高祖徙諸田關中而有第一至第八氏丞相田千秋司直田仁及杜陽田先碭田先皆陳後也武帝賜千秋乘小車入殿故世謂之車丞相及莽自謂本田安之後以王家故更氏云莽之行詐實以

田常之風敬仲後又有皮氏占氏沮氏輿氏獻氏子氏
鞅氏梧氏坊氏高氏芒氏禽氏
帝乙元子微子開紂之庶兄也武王封之於宋今之睢
陽是也宋孔氏祝其氏韓獻氏季老男氏臣賔經氏事
父氏皇甫氏華氏魚氏而董氏艾歲氏鳩夷氏也野氏
越椒氏完氏懷氏不弟氏畀氏牛氏月城氏冏氏近氏
止氏朝氏教氏右歸氏三伉氏王夫氏宜氏徵氏鄭氏
目夷氏鮮氏臧氏虺氏沙氏黑氏圍龜氏既氏據氏磚

氏已氏成氏氏遷氏戎氏買氏尾氏桓氏戴氏向氏司馬氏皆子姓也閔公子弗父何生宋父宋父生世子世子生正考父正考父生孔父嘉孔父嘉生子木金父木金父降為士故曰滅於宋金父生祁父祁父生防叔防叔為華氏所偪出奔魯為防大夫故曰防叔防叔生伯夏伯夏生叔梁紇為鄹大夫故曰鄹叔紇生孔子周靈王之太子晉幼有成德聰明博達溫恭敦敏穀雒水鬭將毀王宮欲壅之太子晉諫以為不順天心不若修政晉平

公使叔譽聘周見太子與之言五稱而三窮逡巡而告
歸告平公曰太子晉行年十取而譽弗能與言君請事
之平公遣師曠見太子晉太子晉與言師曠服德深相
結也乃問曠曰吾聞太師能知人年之長短師曠對曰
女色赤白女聲清汙火色不壽晉曰然吾後三年將上
賓于帝女慎無言殃將及女其後三年而太子死孔子
聞之曰惜夫殺吾君也世人以其豫自去期故傳稱王
子喬仙仙之後其嗣避周難於晉家于平陽田氏王氏

其後子孫世喜養性神仙之術魯之公族有蹻氏后氏衆氏臧氏施氏孟氏仲氏服氏公山氏南宫氏叔孫氏叔仲氏子我氏子士氏季氏公鉏氏公巫氏公之氏子干氏華氏子言氏子騧氏子雅氏子陽氏東門氏公折氏公石氏叔氏子家氏榮氏展氏乙氏皆魯姬姓也衛之公族石氏世叔氏孫氏甯氏子齊氏司徒氏公文氏折竈氏公叔氏公南氏公上氏孟氏氏將者亦常在權寵為貴臣及留侯張良韓公族姬姓也秦始皇滅韓

良弟死不葬散家貲千萬為韓報讎擊始皇于博浪沙中誤推副車秦索賊急良乃變姓為張匿于下邳遇神仙黃石公遺之兵法及沛公之起也良往屬焉沛公使與韓信略定韓地立横陽君城為韓王而拜良為韓信都者司徒也信前音不正曰信都或曰司徒或勝屠然其本共一司徒耳後作傳者不知信都何因強妄生意以為此乃代王為信都也凡桓叔之後有韓氏言氏嬰氏禍餘氏公族氏張氏此皆韓後姬姓也昔周宣王亦

亦韓侯其國也近燕故詩云普彼韓城燕師所完其後
韓西亦姓韓為衛滿所伐遷居海中畢公高與周同姓
封於畢因為氏周公之薨也高繼職焉其後子孫失守
為庶世及畢萬佐晉獻公十六年使趙夙御戎畢萬為
右以滅耿滅魏封萬今之河北縣是也魏顆又氏令狐
自萬後九世為魏文侯文侯孫罃為魏惠王五世而亡
畢陽之孫豫讓事智伯智伯國士待之豫讓亦以見知
之恩報智伯天下紀其義魏氏令狐氏不雨氏業大夫

氏伯夏氏魏強氏豫氏皆畢氏本姬姓也周厲王之子友封於鄭鄭恭叔之後為公文氏軒氏軍氏子彊氏強梁氏卷氏會氏雅氏孔氏趙陽田章氏孤氏王孫氏史鼂氏危氏毛憲氏遂氏皆衛姬姓也晉之公族郤氏又斑為呂郤芮又從邑氏為冀後有呂錡號駒伯郤犨食采於苦號苦成叔郤至食采於温號曰温季各以為氏郤氏之班有州氏祁氏伯宗以直見殺其子州黎奔又楚以郤宛直而和故為子常所妬受誅其子嚭奔吳為

太宰嚭祖彌之行仍正直遇禍也乃爲謟諛而亡吳凡郤氏之班有冀氏呂氏苦成氏溫氏伯氏靖侯之孫欒賓及富氏游氏賈氏狐氏羊舌氏季夙氏籍氏及襄公之孫欒黶皆晉姬姓也晉穆侯生桓叔桓叔生韓萬傅晉大夫十世而爲韓武侯五世爲韓惠王五世而亡國襄王之孽孫信俗人謂之韓信都高祖以信爲韓王孫以信爲韓王後徙王代爲匈奴所攻自降之漢遣柴將軍擊之斬信於參合信妻子亡入匈奴中至景帝信子

頽當及孫赤来降漢封頽當為弓高侯赤為襄城侯及韓嫣武帝時為侍中貴幸無比案道侯韓說前將軍韓曾皆顯於漢子孫各隨時帝分陽陵茂陵杜陵及漢陽金城諸韓皆其後也信子孫餘留匈奴中駟氏豐將氏國氏然氏孔氏羽氏良氏大李氏十族之祖穆公之子也各以字為姓及伯有氏馬師氏褚師氏皆鄭姬姓也太伯君吳端垂衣裳以治周禮仲雍嗣立斷髮文身倮以為飾武王克殷分封其後於吳令大賜比吳季札居

延州来故氏延延陵季子闔閭之弟夫槩王奔楚堂谿因以為氏此皆姬姓也

鄭大夫有馮簡子後韓有馮亭為上黨守嫁禍于趙以致長平之變秦有將軍馮劫與李斯俱誅有馮唐與文帝論將軍後有馮奉世上黨人也位至將軍女為元帝昭儀因家于京師其孫衍字敬通篤學重義諸儒號之曰德行雍雍馮敬通著書數十篇孝章皇帝愛重其文

晉大夫郇息事獻公後世將中軍故氏中行食采於智

智果諫智伯而不見聽乃别族于太史為輔氏晉大夫
孫伯黶實司典籍故姓籍氏辛有二子董之故氏董氏
詩頌宣王始有張仲孝友至春秋時宋有張白䓕實惟
晉張侯張老實為大家張孟談相趙襄子以滅智伯遂
逃功賞耕於肓山後魏有張儀張丑至漢張姓滋多常
山王張耳梁人丞相張蒼陽武人也東陽侯張相如御
史大夫張湯增定律令以妨姦惡有利於民又好薦賢
達士故受福祐子安世為車騎將軍封富平侯敦仁儉

約不遂權而好陰德是以子孫昌熾世有賢胥更封武始遭王莽亂享國不絕家凡四於世著忠孝行義前有丞相張禹御史大夫張忠後有太尉張酺汝南人太傅張禹趙國人司邑閭里無不有張者河東解邑有張城有西張城豈晉張之祖所出邪優姓舒唐鳩舒龍舒其止龍厲深絫會六院築高國呼延司馬舒鳩聖符蓋支慶姓樊尹駱伊姓武嫪姓鄧優舒姓孟歸姓胡有何蔵姓滑齊虞姓摯鞏掎姓樓疏穆姓曼卻姓著番湯

萬姓饒樂殺鄭鄙陸隗姓赤狄潞姓長狄嫡姓白狄凡
此皆大吉之姓齊有鮑叔世為卿大夫晉有鮑癸漢有
鮑宣累姓忠直漢名臣漢鄙上為使者弟商為將軍令
高陽諸鄙為著姓昔仲山甫亦姓樊謚仲穆封於南陽
南陽者在今河内後有樊伯子旻姓封於鄧後田氏焉
南陽鄧縣上蔡北有古鄧城新蔡城有古鄧城春秋時
楚文王滅鄧至漢有鄧通鄧廣後漢新野禹以佐命元
功封高密侯孫太后天性慈仁嚴明約勅諸家莫得權

東師清淨若夫貴戚勤思憂民晝夜不怠是以遭羌兵
叛大水饑饉而能復之整平豐穰太后奔後羣姦相參
競加譖潤破壞鄧反入令痛之魯昭公母家姓歸氏漢
有隗囂季孟短即大戎氏其先本出黄帝及徐氏蕭氏
索氏長勺氏陶氏繁氏騎氏饑氏樊氏屠氏皆殷氏舊
姓也漢興相國蕭何封鄼侯本沛人令長陵蕭其後也
前將軍蕭望之東海杜陵蕭其後也御史大夫有繁延
壽南陵襄陽人也杜陵新豐繁其後也周氏邰氏畢氏

榮氏單氏尹氏䣾氏富氏鞏氏萇氏此皆周室之世公卿家也周召者周公邵公之庶子食二公之采以為王吏故世有周公邵公之不絶也尹者本官名也若宋有太師楚有令尹左尹矣尹吉甫相宣王者大功績詩云尹氏太師維周之底也單穆公襄公頃公靖公世有明德次聖之才故叔向美之以為必繁昌苦城城名也在鹽池東北後人書之或為枯齊人聞其名則書之曰車嬔煌見其字呼之曰車城其在漢陽者不善枯苦之事

則更書之曰古城氏堂谿谿谷名也在汝南西平禹字子啓者啓開之字也前人書堂谿誤作啟後人變之則又作開古漆雕開公冶長前人書彫從易泊作周書冶漢誤作蠱後人又傳作古或復分爲古氏成氏常氏開氏公氏冶氏梁氏周氏此數氏者皆本同末異凡姓之離合變分固多此類可以一況難勝衆也易曰君子以類族辨物多識前言往行以蓄其德學以聚之問以辨之故略觀世記采經書依國士及有明文以贊聖賢之

後班族類之祖言氏姓各郡系之出序此假意二篇以貽後賢

潛夫論卷九

欽定四庫全書

潛夫論卷十

漢　王符　撰

敘錄第三十六

夫生於當世貴能成大功太上有立德其次有立言闒茸而不才先器能當官未嘗服斯役無所効其勛中心時有感援筆紀數文字以綴愚情財令不忽忘芻蕘雖微陋先聖亦咨詢草創敘先賢三十六篇以繼前訓左

丘明五經先聖遺業莫大教訓愽學多識疑則思問智
明所成德義所建夫子好學誨人不倦故叙讃學第一
凡士之學貴本賤末大人不華君子務實禮雖媒紹必
載於贄時俗趨末懼毀行術故叙務本第二人皆智德
苦為利昏行汙求榮戴盆望天為仁不富為富不仁將
脩德行必慎其原故叙遏利第三世不識論以士卒化
弗問志行官爵是紀不義富貴仲尼所恥傷俗陵遲遂
遠聖述故叙論榮第四惟賢所苦察妬所患皆嫉過已

以為深怨或因類疊或空造端痛君不察而信讒言故
敘賢難第五原明所起述暗所生距諫所敗禍亂所成
當塗之人咸欲專君壅蔽賢士以擅主權故敘明暗第
六上覽先王所以致大平考績黜陟著在五經罰賞之
實不以虛名明豫德音焉問揚庭故敘考績第七人君
選士咸求賢能君司貢薦競進下材憎是掊克何官能
治買藥得鴈難以為醫故敘思賢第八原本天人參連
相因致和平機述在於君奉法選賢國自我身姦門竊

位將誰督察故叙本政第九覽觀古今爰暨書傳君皆

欲治臣恒樂亂忠佞溷淆各以類進常苦不明而信姦

論故叙潛歎第十夫位以德興德貴忠立社稷所賴安

危是繫非夫讜直真亮仁慈惠和事君如天視民如子

則莫保爵位而全令名故叙忠貴第十一先王理財禁

民為非洪範憂民詩刺未資浮偽者衆本農必衰節以

制度如何弗議故叙浮侈第十二積微傷行懐安敗名

明莫恣歡而無恢容足以慢諫間善不從徽安名辱終

必有亾故敘慎微第十三明主思良勞精賢知百寮阿黨不覈真偽苟崇虛舉以相誑曜居官任職則無功效故敘實貢第十四聖人養賢以及萬民先王之制皆足代耕憎爵損禄必程以傾先王吏俸乃可致不故敘班禄第十五君憂臣勞古今通義上思致平下宜竭惠貞良信士咸痛數赦姦宄繁興但以赦故乃敘述赦第十六先王御世兼秉威德賞有建侯罰有刑渥賞重嚴禁臣乃敬職將脩太平必媚此法故敘三式第十七民為

國基穀為民命日力不暇穀何由盛公卿師尹卒勞百姓輕奪民時誠可憤諍故敘愛日第十八觀吏所治鬭訟居多原禍所起詐欺所為將絶其末必塞其源民無欺詒世乃平安故敘斷訟第十九五帝三王復尚有情雖欲超皇當先致平必世後仁仲尼之經遭衰姦牧得不用刑故敘衰制第二十聖王憂勤選練將帥授以鈇鉞假以權貴誠多蔽暗不識變勢賞罰不明安得不敗故敘勸將第二十一蠻夷猾夏古今所患堯舜憂民皐

陶術叛宣王中興南仲征邊令民日死如何弗蕃故敘救
邊第二十二凡民之情與君殊戾不能遠慮督取一
制苟扶私議以為國計宜尋其言以詰所謂故敘邊
議第二十三邊既遠問太守擅權臺閣不察信其姦
言令懷郡縣毆民內遷令又丘荒慮必生心故敘實邊
第二十四天生神物聖人則之著龜卜筮以定嫌疑俗
工淺源莫盡其才自大非賢何足信哉故敘卜列第二
十五易有史巫詩有工祝聖人先成民後致力兆黎勸

樂神乃授福孔子不祈以明在德故叙巫列第二十六
五行八卦陰陽所生禀氣薄厚以著其形天題厥象人
實奉成弗修其行福禄不臻故叙相列第二十七詩稱
吉夢書傳亦多觀察行事占驗不虛福從善來禍由德
痡吉凶之應與行相須故叙夢列第二十八論難横發
令道不通後進疑惑不知所從自昔庚子而有責云予
豈好辯將以明真故叙釋難第二十九朋友之際義存
六紀攝以威儀講習王道善其久要貴賤不改令民遷

久莫之能奉故敘交際第三十君有美稱臣有令名二人同心所願乃成寶權神術勾示下情治勢一定終莫能傾故敘明忠第三十一人天情通氣感相和善惡相徵異端變化聖人運之若御舟車作民精神莫能含嘉故敘本訓第三十二明王統治莫大身化道德為本仁義為佐思心順政責民務廣四海治焉何有清長故敘德化第三十三上觀大古五行之運咨之詩書考之前訓氣終度盡後代復運雖未必正可依傳聞故敘五德

志第三十四君子多識前言往行類族辨物古有斯姓

用以博見聞故敘志民姓三十五

潛夫論卷十

# 潛夫論附錄

## 王符傳 見後漢書

王符字節信安定臨淄人少好學有志操與馬融張衡崔瑗竇章等友善安定俗鄙庶孽而符無外家為鄉人所賤自和安之後世務游宦當塗者更相薦引而符獨耿介不同於俗以此遂不得升進志意蘊憤乃隱居著書三十餘篇以譏當時失得不欲章顯其名故號曰潛夫論其指訐時短討讁物情足以觀見當時風政著其

書後度遼將軍皇甫規解官歸安定鄉人有以貨得鴈門太守者亦去職還家書刺謁規規卧不迎既入而問鄉前在郡食鴈美乎有頃又曰王符在門規素聞符名乃驚遽而起衣不及帶屣履出迎援符手而還與同坐極歡時人為之語曰徒見二千石不如一縫掖言書生道義之為貴也符竟不仕終於家

總校官候補知府臣葉佩蓀
校對官檢討臣張位
謄録監生臣謝玉田

**圖書在版編目（CIP）數據**

潛夫論 / (漢) 王符撰. — 北京 : 中國書店,
2018.2
ISBN 978-7-5149-1877-9

Ⅰ. ①潛… Ⅱ. ①王… Ⅲ. ①古典哲學 – 中國 – 東漢
時代②政論 – 中國 – 東漢時代 Ⅳ. ①B234.934

中國版本圖書館CIP數據核字(2017)第315409號

四庫全書·儒家類

**潛夫論**

作　者　漢·王　符撰
出版發行　中國書店
地　址　北京市西城區琉璃廠東街一一五號
郵　編　一〇〇〇五〇
印　刷　山東汶上新華印刷有限公司
開　本　730毫米×1130毫米　1/16
印　張　19
版　次　二〇一八年二月第一版第一次印刷
書　號　ISBN 978-7-5149-1877-9
定　價　六六　元